대한사이버문학
2018 + 제 29 호

그날 이후엔

오늘의문학사

그날 이후엔

제29호 2018

인 쇄 일 : 2018년 3월 21일
발 행 일 : 2018년 3월 24일
지 은 이 : 대한사이버문학회
편집주간 : 서혜원
편집위원 : 정이식 이상야 천홍자

http://cafe.daum.net/hankuk2003
▸ 구독신청 및 광고문의 : cryingbird50@hanmail.net
H.P 010-9705-7906
▸ 정기구독료 및 도서신청 입금 계좌번호
예금주 : 국민은행(서혜원) 056-21-0024-343

조판 · 인쇄 : 오늘의문학사
대전 동구 대전로 867번길 52 (삼성동) 한밭오피스텔 206호
☎ (042) 624-2980
✉ hs2980@hanmail.net

ISBN 978-89-5669-903-5
값 12,000원

이 도서의 국립중앙도서관 출판예정도서목록(CIP)은 서지정보유통지원시스템 홈페이지(http://seoji.nl.go.kr)와 국가자료공동목록시스템(http://www.nl.go.kr/kolisnet)에서 이용하실 수 있습니다.
(CIP제어번호 : CIP2018008858)

그날 이후엔

소중한 문예지이고 문단입니다

서 혜 원 (대한사이버문학 설립자)

예체능에 성공한 사람들의 뒷이야기가 다 그렇듯, 평창 동계 올림픽 스켈레톤 금메달리스트 윤성빈의 비하인드 스토리도 상당히 눈길을 끕니다. 올림픽에서 금메달 수상은 신의 선물이라고 할 만큼 힘든 것이라고 하는데, 스켈레톤의 불모지인 대한민국에 금메달을 안겨준 윤성빈 선수는, 충분히 자랑스럽고 당연히 그 뒷이야기에 관심을 갖게 됩니다. 윤성빈의 고등학교 선생님은 일찍이 윤성빈의 타고난 체능을 발견해 체대 진학을 권했고, 한국체육대학 교수는 그런 윤성빈에게 스켈레톤을 가르쳤습니다. 윤성빈의 운동사에서 가장 중요한 역할을 한 사람은 제자의 재능을 일찍이 발견해 준 고등학교 선생님이 아닐까 라는 생각이 듭니다. 물론 결과론적인 이야기가 되겠지만, 금메달리스트가 되기까지 선수의 노력은 운동을 해보지 않은 일반인들에게는 세세히 와 닿지 않을 줄 압니다.

각설하고, 여기서 제가 말하고 싶은 것은 타고난 재능의 발견입니다. 창작도 마찬가집니다. 과거 신춘문예 당선이 문단의 등용문이었을 때, 이미 문명이 높았던 작가님들께서는 5년 동안 글로써 문명을 얻지 못하면 창작을 포기하는 게 좋다고 하였습니다. 생활인으로 돌아가 직업을 찾아보라는 뜻이었습니다. 운동은 성과로써 거취를 빨리 정할 수 있지만 창작은 미적 거리다가는 전업 작가도 못되고 평생 백수로 살기 십상입니다.

어쨌든 선배 작가가 말하는 습작기간 5년에서 몇 배가 되는 세월이 후딱 지나갔습니다. 어떻게 지금까지 글쓰기를 포기하지 않고 버틸 수 있었을까요. 그것은 십오 년여 동안 꿋꿋이 버텨 준 대한사이버문학 덕분입니다. 대한사이버문학은, 창작과 출간의 기쁨을 함께 나눌 수 있는 글 친구들을 곁에 있게 해주었습니다. 그런 의미에서 우리들에게 대한사이버문학은 작품을 발표할 수 있는 소중한 문예지이고, 동인님들은 문단이십니다.

어차피 글쓰기는 어느 누구도 침범할 수 없는 나만의 고유영역입니다. 혹여 문단의 원로들께서 인터넷 활동을 가벼이 보는 경향이 있다 해도 어설피 흔들리거나 흐트러지지 마시고, 우리들이 시작하고 지금까지 해왔던 것처럼 창자에 꾸준히 몰입할 수 있기를 바랍니다.

대한사이버문학 동인님들께서도 이젠 문명(文名) 높은 분들을 찾아 좇지 않아도 될, 자부심과 자긍심의 연륜이 쌓인 시인이시고 작가이십니다. 문명(文名)의 중심에서 영원히 빛날 시인과 작가임을 잊지 않길 바랍니다.

29호에도 표지화를 주신 백규현 화백님, 감사합니다. 출판을 맡아 수고해주신 오늘의문학사 편집팀, 고맙습니다. 대한사이버문학 29호가 출판되기까지 작품을 주시고 출판비를 지원해 주신 동인님들께 큰절로 깊은 감사의 마음 전합니다.

2018. 03

대한사이버문학 제29호

시.시조

수필

수필

꽁트

단편소설

아동문학 (동화)

만남, 그리고 그 뒷이야기

시.시조

무 담 참회 외 6편
박덕균 꿀불견 외 9편
박은경 봄비 외 9편
서병달 지는 해 외 1편
서부련 그날 이후엔 외 4편
이상야 늦저녁 매미 소리 외 9편

참회

스님

밥상

쇠파리

앉아

두 손

합장하고

일심으로

참회 한다

- 1955년 경남 진주 출생
- 김 진홍 [법명 無憺]
- 현 경남 산청군 소재 明省寺 住持
- 자유문예대전 시부문 수상 다수
- 난고 초청 시화집 『시인의 바다』, 『향기 나는 편지』 등 공저
- 대한사이버문학 동인, 동인지 다수 공저
- 한국사진작가협회 진주지부 회원
- Tel : 010-7559-4404 E-mail : pride1268@hanmail.net

빈 들녘

눈 시리도록
별이 빛나는 밤
하현달 어깨에 걸치고

논두렁길 타고 가는 길
세상만물 고요 속
물녘 마른 갈대 잎

찬 서리 내려 앉아
보석처럼 빛이 난다
저 멀리 실개천

은 나비 하얀 춤을 춘다
별빛만 깜박이며 쳐다보다
하나 둘 사라져 간다

모두 다 떠나보내고
달빛으로 제 아린 마음
보듬어 안은 빈 들녘

오늘도 서릿발 세워
언젠가 오실 임을 기다린다

삶 그리고 사랑

삶은 혹독한 전쟁터
육신을 갈가리 찢는 편린
상처 난 마음
숭숭 구멍이 뚫렸다

갈증을 풀어주는 실비
천공(穿孔)으로 찾아 온 인연
내 안 살며시 자리 잡아
곪아터진 상처 짜깁기한다

움돋이 하는 사랑
이 마음 저 마음
연리지로 한 마음
상록수 되어 자라난다

척박한 삶
폭풍우 휘몰아쳐도
이제는 울지 않으리
성곽을 타는 담쟁이
일편단심 천년을 보듬었더라

그리운 내 사랑

별들이
밤을 지배하는 밤
사랑의 온기가
무척이나 그립다

삶의 서러움보다
그리움이
나를
더욱 서럽게 한다

사랑 하나
정 둘
보듬어 안고
반평생 살아온 세월

해 바뀌어도
꽃은 피건만
한번 떠난 내 님은
왜 못 오시나요

그림자 나를 따르듯
내 곁에 없음에
눈이 가는 빈자리
추억만 아른거린다

추억

칠팔월
물 넘치는
농수로

벌거숭이
악동들
물 텀벙

삽 든
물 감독
득달같이

네
이 노 옴 들
일갈에

떨어질라
춤추는
불알이여

인생

채우고
또 채워도
배고픈 마음

비우고
또 비워도 차오르는
가슴 아린 추억들

흘러간 세월만큼
작아진 마음 부여안고
오열하는 어리석음이여

놓아라
다 놓아버려라
그리고 자유로워 지거라

노을이 아름다운 것은
유종의 미를 거두라는
자연의 선물인가 하노라

봄

아지랑이
너울너울
춤사위 너머로
향기 실은 바람

거우내 잠지던 계곡에
살포시 내려앉아
잔설을 밀어낸다

여린 싹들
성급한 마음으로
꽃봉오리 밀어 올린다

얼음 골 사이사이
숨 죽였던 방울소리
이 산에서 저 산으로
봄소식 알린다

꼴불견

봄은 새싹이 있어 좋고
여름은 녹음이 짙어 좋고
가을은 결실이 있어 좋고
겨울은 쉬어가니 좋다.

꽃은 예뻐서 좋고
사람은 사랑해서 좋고
자연은 아름다워 좋고
세상은 꼴 같지 않아 싫다.

• 경기도 여수 출생
• 문학사랑 신인작품상 수상
• 인터넷문학상 수상
• 시집 『송전탑은 거기에 있었다.』
• 제12회 묵사 류주현 문학상 향토상 수상
• 대한사이버문학회 동인 (사)문학사랑협의회 회원
• E-mail : pdkun@daum.net

계절의 어디쯤

출근길에 아파트 현관을 나서며
문득 화단을 보니 새싹이 돋아나고 있었다.
영하의 기온인데 새싹이라니
새삼 생명의 위대함을 보는 듯하다.

이제 머지않아 싹이 자라고 꽃이 피리라
그러면 세상은 또 푸르름에 물들겠지
무더위 속에서도 생명은 우거지고
결실의 계절은 또 그렇게 겨울을 준비하겠지

사계의 오묘한 조화 속에
봄은 봄대로 여름은 여름대로
가을은 가을대로 또 겨울은 겨울대로
저마다 자기의 몫을 거뜬히 해내고 있다.

나고 자라서 가정을 꾸리고 늙어가는
사람의 모습도 계절과 닮은 것 같은데
올해로 오십 중반에 들어선 나는
어느 계절의 어디쯤 와 있는 것일까

아직 가을의 끝자락은 아닌 듯한데
마음은 왜 이리 뜬금없이 허망한지
제발 이제 무더운 여름이 지났기를
그리하여 내게도 결실의 계절이 오고 있기를

또한 그것이 너무 과한 욕심이 아니기를
이아침 새싹을 바라보는 마음으로 기원해 본다.

눈꽃 피던 날

입춘이 코앞인데 눈이 내렸어
그것도 엄청나게 많이
거기다 한파주의보까지 더했지

그런데 누군가 부르는 것 같아서
갑갑증을 못 이기고 무작정 나왔지
세상이 온통 눈 속에 갇혀 있었어

한참을 걸은 것 같은데
어디서 소곤거리는 소리가 들리는 거야
돌아보니 강기슭에 소나무 가족이 있었어

그들은 눈꽃을 만들고 있었어
하늘거리는 눈을 다듬기 여념이 없었지
그때 아기 나무가 말을 하는 거야

"아빠! 나도 눈꽃을 많이 만들고 싶어."
"엄마! 나에게도 눈을 좀 나눠 줘."
아빠나무, 엄마나무는 빙그레 웃으며

"그래그래 우리 아기 착하구나."
"하지만 너무 욕심 부리지 말거라."
"너도 어른이 되면 멋진 눈꽃을 만들게 될 거란다."

소나무 가족들은 펄펄 거리는 눈 속에서
행복한 웃음과 함께 눈꽃을 계속 만들었어
그리고 눈은 계속 내렸지

1월이 가기 전에

묵은해를 보내고
새해가 되었거늘
마음은 아직도 늪을 헤매고 있다.

날씨도 겨울을 잊어버렸는지
목련이 피었네, 개나리가 피었네 하고
육신도 묵은 때를 벗지 못하고
독감이 들었네, 상문이 들었네 하며 지랄이다.

새해는 새 마음으로 맞고
새 마음은 새 포대에 담아야 하거늘
세월 따라 세상도 낡아 버리고
세상 따라 마음도 낡아 버리고
마음 따라 육신도 낡아 버렸다.

진저리나는 세상
진저리치며 떨쳐 버리고 싶다.
진저리나는 심신
진저리치며 떨쳐 버리고 싶다.

어쩌면 진정 모든 걸 놓아 버리고 싶다.
이 겨울이 가기 전에
아니 1월이 가기 전에

오지랖

이건 이래서
못마땅하고
저건 저래서
못마땅하고

이건 이래서
참견하고
저건 저래서
참견하고

참, 오지랖도
지랄이다

참새의 아침

휘리릭 휙
통통통

쉴 틈이 없다
참 부산하다

휘리릭 휙
콩콩콩

참 날래다
싱싱함이 튄다

강풍 불던 날

오랜 가뭄에
바싹 마른 송화(松花)가
법석을 떨던 날
바람이 불었네.

벗을 만나러 가는 길
벚나무 아가씨
줄줄이 늘어서
아이스케키를 당하고 있었네.

소꿉놀이 하던 놈
이제 다 컸다고
차마 민망하여
눈을 제대로 뜰 수가 없었네.

봄소식

2월의 끝자락에
아침부터 눈이 내렸다.
이걸 봄눈이라고 해야 하나

봄의 전령인 새싹들과
꽃봉오리도 잔뜩 움츠려
게슴츠레하다

오전 내내 함박눈이
펑펑거리더니
가랑비가 온다

이것이 봄비겠지.
이젠 더는 눈은 없겠지
은근슬쩍 강짜를 부려본다

비움에 대하여

비워야 한다는 걸 알면서
사우나 열탕 속에서 새삼스레
비워야 함에 대해 고심을 한다.

온전한 행복은
온전히 비워야 오는 것이라지만
그것은 논리로만 존재하는 것은 아닌지
아무리 머리를 굴려 봐도 의문이다.

살면서 산다는 것에 대해
얼마만큼 이해하고
얼마만큼 만족하고 사는 지가
행복과 불행의 척도라지만

산다는 것 자체가
희로애락 생로병사와
동고동락해야 하는 것인데
온전한 비움이란 어불성설인 것 같다.

부처님과 예수 같은 깨달은 분들도
중생들과 신도들 걱정 때문에
온전히 비웠다고 생각하지 않는다.
천국과 지옥이 있다는 게 반증이 아닐는지

온탕과 냉탕을 오가며 잡념은 돌아간다.

세상살이

처음 세상에 나왔을 땐
한 송이 꽃이었어.
관심과 사랑을 치장하며 살았지.

그때 뿐이라 생각했어
점점 세상을 알게 되면서
혼돈의 세월이 슬픔을 알게 했지.

홀로서기를 시작했어.
세상 속에서 부대끼며 살아도
세상과 타협할 줄 몰랐지.

세상엔 사랑과 기쁨보다
미움과 슬픔이 더 많다 하며
외로움에 허덕이고 살았지.

그런데 인생의 가을이 왔어.
문득 지난날을 되돌아보니
슬프고 외롭지만은 않았지.

세상엔 사랑도 넘쳐나고
마음속에도 사랑은 넘쳐났어.
그걸 모르고 몸부림만 쳤던 거지.

봄 여름 가을 겨울이
저마다 의미가 있고 아름답듯이
살아온 날들도 아름다웠던 거야.

그게 세상살이인 것을

봄비

비 님 오시는 소리에
노오란 수선화
잠에서 깨어
방긋 인사하니

삐약삐약 병아리
수선화 그늘 아래
민들레와 놀다가
화드득 놀라 달아나네

- 1961년 10월 14일-음력 본적-전북 고창
- 현 주소-미국 텍사스
- 문학사랑 : 수필부문 신인상(2012), 인터넷 문학상(2014) 수상
- 풍경문학 : 시조백일장 우수상(2014) 시 부문 신인상(2015) 수상
- 문학사랑협의회 회원, 대한사이버문학 동인
- E-mail : ukg7742@hanmail.net

돌잡이

한글날 태어난
복덩이 우리 손녀
건강하게 잘 자라
생일상 받으니
엄마 아빠 일가친척
모두 모여 축하하네

고운 한복 차려입고
돌잡이 나서는데
실 잡으면 장수하고
책 잡으면 학자 되지
저런, 돈이 꽂힌 돼지 저금통
큰 부자 되려나봐

엄마 아빠 소원은
복돼지를 잡았으니
하늘의 복 땅의 복
복 있는 사람 되어
넘치도록 받은 복을
기쁘게 나누는 사람이 되렴

[돌잡이/ 한 영시]

Dol-Jabi

(a baby's selection among his or her first birthday presents)

Born on Hangul day
Sweet little granddaughter
Grow healthy all year long
Having your birthday
Mom and Dad Family and friends
Everyone's celebrating.

Dressed in fine hanbok
here goes DOLJABI
Long life if you hold yarn
A scholar If you grab a book,
Oh, the piggie bank with money
You will be very wealthy

Mom and dad's wishes are
Since you have that blessing piggie
The blessing from heaven and earth
With your many wealth
Gladly share with others

도시의 허수아비들

도시의 가을은
알록달록 오방색

현란한 네온사인
속마음을 드러내고

배불떼기 호박들과
크고 작은 가을 장식
할로윈 유령들은
어느 집으로 갈까 고민 중

친근하고 귀여운 앤과 앤디
두 개의 허수아비 친구
집 앞에 데려다 놓고
드나들 때마다 눈인사 한다

[도시의 허수아비들/ 한 영시]

City Scarecrows

The fall of the city
exploding multi color
With a gorgeous neon sign
Revealing the inner heart

Big belly pumpkins
Large and small autumn deco
Halloween ghosts
think which house to go haunt

Raggedy Ann and Andy
Two Friendly scarecrows
Say "Hello!" with a wink
Every time in and out of the house.

해돋이

동쪽을 향해 앉은
텍사스 남쪽 바닷가
멕시코 만 바다 건너
불어오는 겨울바람

무술년 해를 만나러
이른 아침 그 곳에 서니
자욱한 안개 속에
해님은 아직도 주무시나봐

구름이 전하는 말
오늘은 피곤해 못 오신다고
간밤에 정유년의 하소연이 길어져
아침잠에 취했으니 다들 돌아가라네

아쉬운 발걸음 돌아오는 길
혹시나 돌아보니 거기 계시네
맑고 고운 얼굴에 안개 너울 쓰고
수줍은 미소로 윙크 하시네

2018. 1. 1

달력

열두 형제 함께하며 시작한 일월
제일 작은 달이라고 투덜대는 이월
꽃샘추위 무서워 웅크리던 삼월
어느 시인 말을 빌려 잔인한 달 사월

어린이날 어버이날 행복한 오월
신록이 우거지니 싱그러운 유월
여름휴가 계획하는 신나는 칠월
장마와 무더위로 지치고 힘든 팔월

선선한 바람 부는 가을맞이 구월
오곡백과 무르익는 황금계절 시월
쓸쓸한 바람 불어 외로운 십일월
송년 모임 바빠서 정신없는 십이월

어이쿠, 어느새 한 해가 다 가 버렸네!

봄

몸을 낮추고
가만히 귀 기울여
봄이 오는 소리
들어봐

들려? 보여?
여기
벌써 와 있는 걸
왜 못 보니?

물

물처럼 살라 하네
낮은 곳으로 겸손하게
치솟는 자존심과 교만
물로 다스려질까?

물처럼 살고 싶지만
지천명이 넘도록 드러난
모나고 흉한 자아
소나기로 깨끗이 씻겨졌으면…

오늘도 마당가에 물 뿌리며
욕심의 먼지 잠재우고
겸손이 꽃 피어 향기 발하길
하늘을 우러르며 기도해본다

구름

비행기
유리창에
빗방울 가득
걱정스런 이륙

한참을
오르는데
솜이불 속에
파묻힌 답답함

조금씩
밝아지다
어느 순간에
백지가 되었나

찬란한
햇살 아래
오묘한 형상
끝없이 그린다

* 민조시

선운사의 동백

녹차 밭 하얀 모자 어느새 사라지고
도솔천 개울 녹아 돌돌돌 물 흐르니
사찰 앞 동백꽃들이
꽃몽오리
맺더라

동상군 가다말고 뒷걸음질 쳐 보지만
봄 햇살 완연하니 제 어찌 버틸소냐
꾀꼬리 휘파람소리
꽃 피기를
재촉해

동백이 만개할 때 따라오는 벚꽃이
이제는 비켜 달라 등 떠밀려 안달해
말없이
눈물 흘리듯
뚝뚝 떨어지더라

바다낚시

새벽별 깜빡깜빡 어스름한 새벽
장비 챙겨 나가는 초보 낚시꾼
어제는 빈손으로 돌아왔지만
오늘은 크던 작던 한마리만 물려다오

시린 손 호호 불며 새우미끼 끼우고
기도하는 마음으로 던진 루어낚시
뜨거운 커피와 한조각 샌드위치
빈속을 달래며 바라보는 망망대해

시간이 흐를수록 조바심만 커 가는데
아싸 가오리, 드디어 물었다!
나 같은 초짜에게 자선 베푼 눈 먼 고기
감사하는 마음으로 매운탕에 넣어주마

한 마리 더, 하는 마음 비우며
다시 오마 약속하고 돌아서는 발걸음

시
서병달

지는 해

늙으면 아이 된다는 말
갸우뚱 갸우뚱
알만해지니 아이가
되어가고 있네

아침에 네 다리로 걷고
점심때 두 다리로 걷고
저녁에 세 다리로 걷다가
지는 해 따라 가네

지는 해는 정이 없네
어둠을 토하더니
이내 삼켜버리네

- 시, 수필 등단
- 밀양문협 회원, 대한사이버문학 동인
- E-mail : smupil@hanmail.net

동병상련

비틀거리며 근근이
걸어온 사람
소주 두어 잔에
빈 소리 높다

자랑할 것이 정말 자랑할 것이
헛나이 먹은 것밖에 없는 내가
불쌍하지도 않으냐며 절규하는
얼굴에 잔뜩 낀 것은

때때로 내 얼굴에도
잔뜩 끼는 먹구름

시
서부련

그날 이후엔

2014년 12월 30일 23시 05분
그날 이전엔
어제도 오늘 같고
내일도 오늘 같겠지 했는데
그날 이후엔
텅 빈 하늘에 무언가 허전해 돌아보니
조그만 체구의 어머니의 무게가
엄청나게 컸음을 알았습니다!

쭈그렁밤송이
밤나무 벨 때까지 붙어 있다기에
내일도 오늘같이
여전할 줄 알았습니다.

어머니 떠나신 그날 이후엔
땅을 밟으면 꺼질 것 같아
지르밟는 발길도 조심스러운데

- 1948년 인천 출생
- 한국문인협회 회원, 21C 한국시인회 이사
- 주요작품 : 동인시집 『마음 열고 숲에 서리라』
  동인시집 『들풀 소리』 동인시집 『제 몫을 다한 화음』
- 대한사이버문학 동인
- 주요 경력 : 고교 영어교사 역임. 특별법인 한국해운조합 봉직
- (주)HL해운 상무이사 역임. 현) 중국 (주)청도MK통상 대표이사
- Tel : 010-7105-6096 / E-mail : buryun@hanmail.net

꼬장꼬장한 체구에
카랑카랑한 목소리 들릴듯하여
돌아보면
그림자 없는 허공에 침묵만 남아
아~그날 이후엔
이 땅덩어리가 너무 가벼워졌습니다.

자식은
과거의 어머니만 생각했는데
어머닌 항상
자식의 미래만 생각하였네!

보름달

달이 밝을수록
임 그리움 짙어지니
음력 보름밤엔
저 달을 쳐다보지 않겠어요,

혹여 염려되더라도
매일 변하는 저 달을 두고
사랑을 맹세치 않겠어요
임 그리움 더욱 짙어지는
보름밤엔.

할아버지라 부르지 마라

할아버지라 부르지 마라.
아직은 뭇 여인의 오빠이고 싶다.
아무리 폭풍우가 몰아쳐도
처마 밑에 숨지 않고
새파란 보리밭을 보면
뛰어들어 뒹굴고 싶은
소년으로 살고 싶다.

소쩍새 우는 밤이면
물통을 양손에 들고
사랑하는 여인을 위해
약수터를 오르는
씩씩한 남자이고 싶다.

할아버지라 부르지 마라.
소나무보다 푸른 상록수 되어
저무는 인생을 멋지게 장식하는
듬직한 남정네라 불러다오.
어쩌다, 분위기 있는 여인을 보면
아직은 가슴이 떨리는 나이
세월이 피부에 주름살을 남겼지만
마음은 언제나 소년으로 살고 싶다.

할아버지라 부르지 마라
의젓하고 늠름한
볼수록 매력 있는
볼매남이라 불러다오!

촛불

한 자루 촛불이 있었네
한 가닥
긍지와 명예와 사명을 몸통 삼고
열정을 심지 삼아
타오르던 한 자루의 촛불이 있었네
숱하게 바뀐 명함의 타이틀만큼이나
홍건한 촛농이 널브러져
촛대를 타고 눈물처럼 흘러내리는데
한 줄기 촛불이 일렁이네
뜨거운 촛농이 녹아 흐르지 않으면
심지가 스스로 침몰하여 스러질 불꽃이련만
눈물처럼 흐르는 촛농이 있어
오늘도 한 줄기 불꽃이 흔들리네

삭힌 고추 장아찌

삭힌 고추 장아찌 한 보시기
밥상 위에 올랐네~
쭈글쭈글~ 아니 쪼글쪼글한 고추는
쫀득쫀득하고 감칠맛이 나는데
반들반들하고 탱탱한 고추는
질기고 맵기만 하네!
어찌 그리~
인간의 꼴과 품성을 빼 닮았냐!

시조
이상야

늦저녁 매미 소리

— 선거유세

목청이 터져나가라 뱉어내는 저 사투리
불협화음 음표들이 사방팔방 난무 한다
실마리 풀리기는커녕
꼬여가는 실타래

벌렁 누운 저 충견 제 속내 내 보이지만
뒤집어 본 버선목은 좀먹어 물든 이력
집어 든 바둑돌 하나 허공에서 주춤, 한다

- 1956년 경기 용인 출생
- 2004년 무학사랑 등단.
- 시집 『풍경소리』
- 대한사이버문학 동인
- E-mail : l5725@hanmail.net

이미저리

바닷가 수평선은 천연의 김발이다
밀려오는 하얀 파도 고슬고슬한 쌀밥
새도록 김밥을 싼다
해안가 둔덕에서

백사장에 널브러진 조각난 고명들은
소풍 못간 물새들의 심심풀이 먹거리
간추려 김밥을 만다
누드김밥이 저렇지

의자

쓰다 쓰다 못쓴 편지 하나 남은 당단풍잎

새털구름 하늘 향해 앵글을 잡은 걸까

사뿐히

허공을 돌아

석탑 어깨에 앉는다

아침, 물밀다

허리 반쯤 구부리자, 시큰 하는 관절부위
한 사내 성큼 걸어 갈 긴 행로가 이러할까
조여 맨 나절가웃이 둥그렇게 열린다

등 뒤에서 몰래오는 봄바람에 몸 맡긴다
안녕하고 손 흔들며 윙크하는 따스한 눈길
해 뜰 녘 물밀어 오듯 빨간 카펫 펼치고

빌딩숲 헤치고 오는 밝고 환한 부챗살빛
어깨 펴고 걷는 걸음 리듬이 상쾌하다
가슴속
뜨거운 열기
숨을 다시 부풀린다

가을 초승달

고봉밥 지어먹고
사냥감 찾고 있는

가을 하늘 초승달
활시위를 당겨본다

한 무리
기러기 떼들
소리치며 날아간다

떠다니는 섬

물안개 풀어헤친 어스름 장막 뒤로
하얀 수염 도인들이 곰방대 입에 물고
바닷길 햇살 맞으며 허방 속으로 사라진다.

파도에 밀려온 섬 바람에 춤추는 파도
치마폭 펼쳐 놓은 자수정 바다 위에
삼각 돛 펼친 섬들이 병풍인 듯 둘러친다.

화약 냄새 사라지고 손 맞잡는 푸른 물결
유람선들 닻을 내려 코인사를 하는 건가
지난 날
다툼을 넘어
포옹하는 하롱베이

느티나무

– 분재

굳은 자세 바로잡는 키 작고 여린 나무
온몸을 꺾어가며 락킹 연습 열심이다
어둠살 탈출하고픈 간절한 소망이다

버릴 것 다 비려서 남은 것은 앙상한 뼈
원색의 옷차림과 톡톡 튀는 몸짓으로
천개의 팔을 벌리며
날개 펴는 분재원

닫힌 눈 귀 살짝 열고 조막손도 펴 보인다
환한 세상 열고 있는 살 오르는 어린 묘목
아침 해 창문을 넘자
터지는 꽃 활화산

나 어릴 적

나 어릴 적 동네 초입
엿장수 찾아오면

장단 맞춰 춤을 추었다
꽃밭에 나비들도

날개를
접었다 폈다
나풀나풀 흥에 겨워

분재 2

화분 안에 다리를 꼰
느티나무 천수보살

꼬이고 꼬인 몸을
실빕으로 풀고 있나

천개의 팔을 벌려서
온 세상을 감싼다.

보랏빛 병원

– 완치

촉수 높은 지금은 대낮
소파에 여럿이 앉아
가슴 죄며 기다리는
무언의 하얀 얼굴들

진료 중
빨간 표시등
심한 갈증 일으킨다

건조한 목소리로
들려오는 이름 하나
싸늘하게 식어가는
손잡이를 돌리면

어미 소
우시장으로
끌려가듯 힘 빠지고

창백한 모습으로
마주 앉은 어색한 자리
모니터에 눈길 주는
숨 막히는 침묵의 시간

꽃다발
하늘에 날린다
꽃비 왈칵 쏟아진다

수필

드디어 만난 무술 해

새벽 여섯시 반, 알람이 울리자 조용히 일어나 주섬주섬 옷을 챙겨 입었다. 새해가 된 후 며칠째 날이 흐려 볼 수 없었던 해돋이를 보기 위해서이다. 옆에서 코 고는 소리가 멈추고 뭐 하느냐고 묻는다. 해돋이 보러 간다고 했더니 자기도 따라 간다고 일어난다. 전날 밤 함께 가겠노라 약속했지만 코를 골며 자길 래 혼자 가려 했었는데 마침 일어난 것이다.

서둘러 옷을 챙겨 입는데, 그 와중에 한다는 소리가 냉동실에 얼려둔 새우 미끼를 꺼내 챙기라고 한다. 어차피 바다에 가는데 낚싯대 한 번 던져 보겠다는 심사, 해돋이가 목적이 아니고 새벽 낚시가 목적이었던 것이다. 아이스박스에 물과 간식거리를 주워 담고 새우도 챙겨 서둘러 집을 나서는데 집 앞 주유소에 커피까지 챙기러 들어간다. 이러다 정말 늦겠다고 잔소리를 해 보지만 그래도 새해를 함께 본다는 생각에 마음이 기쁘다.

동쪽 바다를 향해 달려가는 길, 하늘은 벌써 붉은 노을로 가득하고 일출을 처음 맞는 옆지기는 벌써 해가 떴냐고 이미 늦었다고 한다. 난 해가 바다에서 올라오기 전에 주변을 붉게 물들이다가 뿅 하

• 1961년 10월 14일-음력 본적-전북 고창
• 현 주소-미국 테사스
• 문학사랑 수필부문 신인상(2012), 인터넷 문학상(2014) 수상
• 풍경문학 : 시조백일장 우수상(2014) 시 부문 신인상(2015) 수상
• 문학사랑협의회 회원, 대한사이버문학 동인
• 연락처 : ukg7742@hanmail.net
• E-mail : ukg7742@hanmail.net

고 솟아오른다고 말해 주었다. 예전에 등산 다닐 때 산에서 만났던 일출을 회상하며, 어둠 속에서 기대에 찬 마음으로 산을 걸었던 이야기도 해 주었다.

어느새 주변은 완전히 환해졌고 싸늘한 아침 공기는 이제 춥기보다는 상큼한 느낌이다. 텍사스 남부 해안에서 맞는 일출은 그 느낌이 한국에서 맞던 일출과 어떻게 다를까? 바다에 도착하니 이곳에도 새해 들어 삼일이나 늦어진 해를 맞으러 나온 사람들이 여럿 있었다. 해가 뜨기를 기다리는 동안 어젯밤에 나왔다 돌아가는 슈퍼문도 만났다. 지구와 가까워져서 더욱 크게 보인다는 '슈퍼문', 아침에 보는 달님은 한쪽이 벌써 이지러지고 조금은 피곤하고 초라해 보였다.

모래사장에 지지대를 꽂아두고 낚싯대를 던져 새해 첫 대어를 꿈꾸는 옆지기, 과연 이아침에 무엇이 낚싯대에 걸려 나올지는 기다림의 연속이다. 물 빠진 단단한 모래사장 위로 바다를 향해 트럭을 들여 넣고, 낚싯대는 지지대에 걸어 놓은 채 차 안에서 커피를 마시며 기다리는 미제 강태공, 커다란 해의 정기가 트럭 앞 유리창을 뚫고 나에게 가득하다. 눈이 부셔 썬글라스를 꺼내 썼다.

한 시간이 지나도록 아무런 기척이 안 보이자 과감하게 철수를 선언하더니 집으로 가는 게 아니고 다른 낚시 장소로 향한다. 오늘 아침은 커피와 사과 한 알 그리고 땅콩 한 줌이 전부일 것 같다. 전에 상어를 잡았던 돌다리에 와서 다시 낚시 도구를 챙기는 그에게 다녀오라고 엄지를 들어 보였다.

나는 트럭에 앉아 조금 전에 찍은 사진을 정리하며 책도 보면서 시간을 보냈다. 아침부터 모래사장을 정리하는 중장비 트럭의 부지런한 행보가 눈에 들어온다. 강풍과 큰 파도에 밀려 내륙으로 밀려온 모래를 다시 바닷가로 밀어 옮기는 작업, 다른 트럭으로 마른 모래가 날리지 않도록 무언가를 물처럼 뿌리는 모습이 인상적이다.

이 곳 시민들과 관광객을 위한 코퍼스 시의 노력이 있어 아름다운 해변이 유지되는 것 같다. 새벽 바다지만 차 안에 앉아 있는 나는 쏟아져 들어오는 햇살 덕에 따뜻하다 못해 더울 지경이다. 두툼한 털옷을 벗어 뒷자리로 던져 버리고 편안한 자세로 책도 읽고 음악도 듣다가 아무런 수확 없이 빈손으로 돌아온 옆지기를 위로하며 늦은 아침을 먹으러 집으로 향한다. 오늘 저녁은 며칠 전에 잡아다 냉동실에 처박아 둔 물고기로 매운탕을 끓여야겠다.

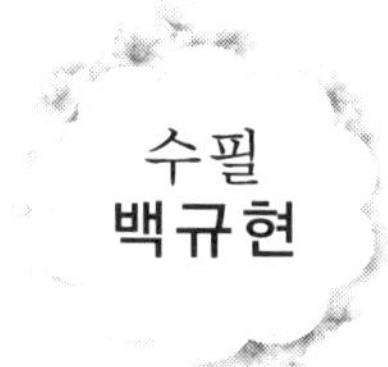

수필
백규현

겨울단상

밖에는 쌀가루를 뿌리듯 잔 눈이 내리고 있다. 가게 방 온기로 두 마리의 개들이 편하게 누워있다. 어려서부터 사람의 온기가 없으면 불안 해 하기 때문에 가급적 가까이 하고 지낸다. 개가 사람을 지켜야 되는데 거꾸로 된 모양새다. 오늘은 집사람이 손주를 돌보러 딸네 집에 가는 날이다. 빈집을 지키게 된 개들이 안쓰러워 이렇게 가게 방으로 데리고 나왔다.

매년, 해가 바뀔 때마다 몸과 마음이 쇠약해져 가는 걸 느끼지만, 올 겨울은 유난히 힘이 든다. 연 초면 한바탕 겪는 열기로 인한 몸살은 없었지만, 각종 통증으로 의원을 자주 찾았었고, 힘에 부치는 일을 하고는 며칠을 앓았다. 딸아이의 아기, 손자의 투정을 잠재우느라 밤잠을 설치는 아내의 모습이 안쓰럽다. 아이를 돌보는 일이 힘이 들어도 안보면 힘들었던 일이 눈 녹 듯 사라진다.

올해는 기후만큼이나 어두운 일이 많았다. 내 나이가 때를 가르치는 것일까. 주위의 지인들이 사라지고 있나. 요즈음 들어 삶의 무의미함을 자주 느낀다. 나이 닷도 있셨지만 얼마 전 화실을 정리하면서, 오랫동안 같이했던 책들을 고물상에 넘기니 17,000원을 준

- 대한사이버문학 6_28호까지 표지화백
- 1947년 출생
- 대한민국미술대전 4회 입상
- 구상전 장려상수상 기타공모전 다수 수상
- 단원미술대전, 경인미술대전, 전통미술대전 초대작가
- 현 부천미협한국화 분과장 부천한국화협회장

다. 그 돈으로 막걸리를 마시며 울적한 마음을 달랬다. 한동안 붓이 손에 잡히지 않아 작업을 포기하기도 했었다. 내가 사라지면 내가 아끼고 사랑했던 모든 것이 사라진다 생각하니 현재 추구하고 있는 작업이 모두 부질없게만 느껴졌기 때문이다.

답답한 마음에 읽던 책을 덮어두고 밖으로 나선다. 기온이 내려간 날씨에 바람까지 불어와 체감온도를 떨어뜨린다. 그나마 펼쳐둔 화판은 며칠 째 벽에 기대어 있다. 방안의 냉기는 몸을 더욱 움츠리게 한다.

이 계절이 지나면 변함없이 푸른 싹이 돋아나고 모든 산천도 푸르게 물이 들 것이다. 이 계절만을 탓할 수만은 없으니 내 마음의 먼지를 털털 털어버리고 일어서야 할까보다.

수필
서병달

새해를 맞으며

다시 새해를 맞는다. 묵은해를 보내고 새해를 맞는 소회가 영 없을 수 없지만, 나이 탓인지 느낌과 각오는 젊을 때 같지가 않다. 한창 시절에 활력 있는 삶을 사는 데 실패하였고 그 상태로 세월을 보내면서 고래희까지 왔다. 그런 탓인지 묵은해를 보내는 느낌은 구렁이 담 넘어가듯 하고 각오는 새삼스럽다. 그래도 젊은 시절에는 활력을 되찾으려는 나름의 노력이 있었다. 적시타가 아닌 단순 안타이기에 활력을 얻는 데 큰 힘이 되지는 못했지만, 가슴 속 응어리는 어느 정도 풀어주어 다소 아쉬움을 달래주었다.

늦을 때가 빠른 것이라고 한다. 이 말은 용기를 북돋우고 격려 차원에서 하는 말이지 늦을 때가 빠른 것은 아니다. 늦을 때가 이미 늦다는 것은 기정사실이다. 늦더라도 하는 것이 낫다는 말은 현실적이며 실용적이다. 늦더라도 해서 작은 결실이라도 얻을 수 있다면 아쉬움을 그런대로 달랠 수가 있음은 물론 삶에 보탬도 될 수 있다. 나는 이런 식으로 살아온 편이다.

하지만 아쉬움만 달래면서 살아가는 삶은 망망대해를 떠난 수족관의 물고기 신세와 비슷하다는 생각을 문득문득 한다. 왕성한 활력이 억제된 생명체로서 목숨만 부지하면서 근근이 살아가는 것과 같아서다. 세월은 가고 또 나이를 먹어가다 보니 그만큼 활력은 더

• 시, 수필 등단
• 밀양문협 회원, 대한사이버문학 동인
• E-mail : smupil@hanmail.net

떨어지고 시간마저 쫓기는 형국이다. 그러다 보니 망망대해를 그리며 수족관을 탈출하려고 몸부림하는 수족관의 고기처럼 안간힘을 써보고 싶은 마음이 불쑥불쑥 인다.

마음이 아무리 그렇다 한들 세상은 안간힘을 쓴다고 쉽게 되는 일은 잘 없다. 제자리걸음하거나 오히려 퇴보하는 경우가 많다. 많은 사람이 뒤에 낭떠러지가 있고 그곳에 떨어지면 인생 끝이라는 사실을 인식하면서도 끝없이 퇴보를 한다. 나도 그런 사람 중의 한 명인데, 낭떠러지 일보 직전에서 겨우 멈추어 안도의 한숨을 쉬고 있다. 그렇지만 퇴보를 거듭해 온 대가는 혹독하다. 활기차고 유유자적한 여생을 살 기회는 봉쇄되고, 수족관의 물고기 신세 같은 제한된 삶만 살 수 있도록 허용 받은 것 같다. 삶의 현장에서 끝까지 현역으로 살아야 한다는 조건을 붙여서….

살아가는 데 필수적인 제2의 권력인 돈과도 별 인연이 없다. 돈이 행복의 제1의 요소는 아니지만, 생활에 불편하지 않을 정도의 돈은 있어야 한다. 그렇지 않으면 행복을 오래 품기가 쉽지 않다. 돈 때문에 수시로 행복을 깨뜨리는 일이 생겨나기 때문이다. 즐거움도 마찬가지다. 건강과 장수에까지 영향을 미친다.

돈과는 인연이 없어 그런지 팔자에 요행수도 없어, 복권에 당첨되거나 부동산 졸부가 되거나 주식을 사서 재미를 보는 일도 없을 것 같다. 그렇든 말든 복권을 꾸준히 사보기도 했는데 팔자 탓인지 복권으로 적은 재미라도 본 적은 없다. 수년 전에는 적은 액수로 주식투자를 했는데 몇 달 후에 손절매하고 말았다. 스트레칭으로 몸을 푼 뒤 본 게임을 해보려다가, 몸이 잘 풀리지 않는 것 같아 본 게임 시작 전에 포기하였는데, 주식투자 흉내를 내본 것으로 만족하고 말았다. 손재수가 난 것은 당신 운수가 그러니까 애달파하지 말라던 노래하는 무당의 말에 전율이 일기도 했다. 역시 팔자에 없는 탓일 것이다.

제한된 삶만 살 수 있도록 허용 받은 것 같다고 했지만, 건강한데다 평균수명이 점점 늘어나고 있다 보니 여생에 미련이 슬슬 커진다. 부족한 것, 못해본 것, 아쉬움이 남는 것 등등 미련이 있는 부분은 참으로 많다. 욕심을, 쓸데없는 생각 주머니를 비워야 한다고 하면서도 미련이 남는 것은 크나큰 업이라고 할 수 있을 것이다. 그럼에도 늘어나는 평균수명에 기대어 어떻게 해보고 싶은 마음을 억누르기가 쉽지 않다.

인생은 다시 오지 않는다(人生不再來)고 한다. 윤회한다지만 죽어보지 않고서는 알 수가 없다. 아니 죽어 다시 인간으로 태어난다 하더라도, 전생의 기억은 지워지고 없다고 하니 내가 다시 태어난 건지 알 수 있는 길도 없다. 그러니 미련을 버리기가 더 어렵다. 그리고 죽기 전에 할 수 있는 일이 있으면 해보고 싶은 마음은 인지상정이 아니겠는가.

마음이 그렇다 한들 일단 현실적인 문제를 고려하여야 할 것이다. 사회적인 시스템은 나이 든 사람에게는 그리 우호적이지 않다는 점을 직시할 필요가 있다. 개인적으로 처한 상황은 일단 무시하고, 당신은 활동할 수 있는 나이를 지났기에 쉬어야 할 때라고 시스템은 말하고 있다. 아날로그 시대의 지식과 경험이 발붙일 곳도 잘 없다. 디지털 시대의 정보와 지식은 젊은 사람들보다 한참 처진다. 발버둥을 쳐도 따라가기가 여간 만만한 게 아니다.

새 삶은 어차피 어제의 연속이기에 잘못된 삶은 개선해가면서 살 수 있다. 그러한 당위성을 인식하면서도 능력 부족은 물론 끈기마저 부족하여 쉽사리 개선하지 못한 채 살아오고 있다. 그러므로 새해를 맞았다 하여 새로워지는 것은 아무것도 없다. 그렇더라도 새해를 맞아 -비록 작심삼일로 또 끝나는 한이 있더라도- 소박한 꿈마저 가져보지 못한다면 좀 억울할 것 같다. 그래서 새해는 또 어떤 식으로 살아가야 할지를 생각하게 되고, 아직 해보지 못한 것은 아등바등해서라도 해보고 싶은 마음이 이는 것이다.

욕심은 욕심을 낳는다고 한다. 마음이 시킨다고 무리하게 돌출행동을 하는 등 과욕을 부려서는 안 될 것이다. 그러나 여생에 도움이 될 수 있는 일이라면 조금은 마음을 달리 먹어도 되지 않을까. 그러기 위해서는 냉정해질 필요가 있을 것 같다. 든 나이에는 한 치의 흐트러짐이 여생을 더 어렵게 살아가게 하는 족쇄로 작용할 지 모른다. 새해 벽두부터 의욕은 다독거리면서, 이성은 얼음처럼 차갑게 얼려야 할 필요성이 절실해진다.

머리 염색

해야 할지, 하지 말아야 할지, 좀 더 있다가 해야 할지 오랫동안 미적거려왔던 염색을 하였다. 사십 중반부터 하나둘 나기 시작한 흰머리는 수년 동안 새치 수준을 유지하였다. 쉰을 어벌쩡하게 넘기자 드디어 때가 되었다는 듯이 기세를 부리며 나기 시작하였다. 그때부터 치면 햇수로 약 십 오륙 년 만에 염색을 한 것이다. 비교적 늦게 염색을 한 편인데 그 이유가 있었다. 첫째 이유는 흰 머리의 성장 속도가 다른 사람들보다 매우 더뎠다. "죽은 의사는 말이 없다"는 책을 쓴 미국의 수의사이자 의사인 조엘 월렉(Joel Wallach)의 주장에 따르면 구리 성분이 부족하면 흰 머리카락이 빨리 난다고 한다. 이 분의 견해대로라면 나는 다른 사람에 비교해 구리성분을 상당한 동안 원활하게 공급을 받으며 지나왔다고 할 수 있을 것 같다. 두 번째 이유는 염색해야할 명분을 세워 놓고 있었던 것을 들 수 있다.

우리는 세상을 살면서 나름으로 명분을 세워 이런저런 생각도 하고 여러 가지 일을 해보려고 한다. 그렇지만 세상살이란 게 내가 세운 명분대로 잘되지 않는다는 것을 경험했을 것이다. 염색에 대한 내 나름의 명분 또한 이와 같아서 쓸데없이 미적거려왔다고 할 수 있다. 염색을 하고 난 뒤의 첫 느낌은 본래 모습으로 되돌아왔구나 하는 점이었다. 동안(童顔) 덕에 몇 살쯤 젊어 보인다는 말을 들어오고 있었는데, 염색을 한 뒤에 거울을 보니 확실히 젊어 보이는 것 같았다. 깔끔한 맛도 있어 잘했다는 생각이 들었다. 이럴 바엔 차라리 더 일찍 하고 말 것을 왜 그리 꾸물댔는지 하는 마음에 헛웃음이 나왔다.

새파랗게 젊은 시절, 백발은 주름살과 더불어 인생의 훈장이요

관록의 상징이라고 생각했다. 나이가 들면 어느 정도 사회적으로 출세도 하고, 명예도 얻고, 부도 살아가는 데 불편하지 않을 정도로 축적된 사람에게나 어울리는 것이라는 막연한 사고방식에 젖어 있었다. 그렇지 못한 사람은 백발이어서는 안 된다고 생각하였다. 아무리 나이가 들어도 상당한 정도로 사회적인 인정을 받을 수 있는 상태가 아닌 사람은, 백발이 나서는 안 될 사람으로 억지를 부리고 있었던 것이다.

턱도 없는 억지와는 달리 나는 오래전부터 패자 같은 삶을 살아오고 있다. 청사진을 한 가지라도 제대로 펼쳐본 적이 없으니 패자 같은 삶이라고 하는 것이다. 그런다고 목숨이 있는 한 세상을 안 살 수도 없어 차선과 차차선의 삶을 선택하여 살아왔으며 지금도 그렇게 살고 있다. 포기할 것은 이미 포기하였으며 비울 것은 비우면서 산다. 그런 식으로 사니 비록 패자 같은 삶을 살더라도 마음은 편하다. 아이러니한 것은 백발에는 더욱 민감해졌다는 점이다.

헛나이만 먹은 사람 취급이나 받으면서 여생을 보낼 사람으로 낙인찍힌 채 사는 것은 아닌가? 범인(凡人)이 사는 것은 다 그렇고 그런 것인가? 포기할 것은 포기하고 마음을 비웠다고 하면서 백발에 집착하는 모습을 보이는 것은 무엇이란 말인가?

지난날을 되돌아보니 참 유치하고 어이없고 황당한 생각에 사로잡혀왔음을 느꼈다. 손바닥으로 하늘을 가릴 수 있다고 믿는 것만큼이나 어리석은 사고방식의 틀에 갇혀 시간을 보내온 것이다.

어느 것 하나 이룬 것 없는 채 세월은 덧없이 흘렀다. 흐르는 세월 따라 나이는 천연덕스럽게 먹어갔다. 먹어가는 나이를 증명이라도 하려는 듯 흰 머리카락은 세력을 넓히고 있었다. 지천명 세대를 지나 이순에 들어섰다. 입때까지만 해도 그런대로 염색하지 않고 지날 수 있을 정도였다. 커트하러 가끔 가는 미용실 마담도 아직 흰 머리카락이 많이 나지 않았고 보기 좋은 상태이므로 염색을 하지 말라고 하였다. 이순 중반에 접어들자 상황이 달라지기 시작하였다. 흰 머리카락이 많다고 지적하는 사람이 하나둘씩 나타났다. 자신도 흰 머리카락이 많이 늘어난 것을 느낄 수 있었다. 조금도 잘난 구석이 없는 놈이 허연 머리로 남부끄러운 줄 모르고 돌아다니는 것은 아닌가. 자연스럽게 거울을 보는 일이 잦아지면서 본격적으로 염색에 대해 숙고하기 시작하였다.

사회적으로 인정받을 수 있는 상당한 정도의 처신 운운은, 철이 없어 천방지축으로 상상의 나래를 펼쳐도 나무랄 것이 못 됐던 아득한 옛날의 그림이었을 뿐이다. 노후가 되었어도 생계문제가 아직 힘겨운 마당에, 지금까지도 그런 생각에 젖어있다면 스스로 생각해도 웃음거리밖에 안 된다. 아무리 빌고 노력한들 시간을 거슬러 갈 방법도 없다. 그러므로 염색에 대한 시각을 새롭게 교정할 필요가 있음을 느꼈다.

염색은 사람을 좀 더 젊게 보인다. 깔끔해 보이기도 하여 얼굴도 돋보인다. 그래서 대통령도 염색하고 사장도 하고 서민도 한다. 젊고 깔끔해 보이면 무슨 일이든지 할 수 있고 해낼 수 있을 것 같은 활기찬 사람으로 보이기도 한다.

가난한 서민들은 이유 하나가 더 붙는데, 취업에 도움이 되기 때문이다. 직접 일자리를 찾아 나설 수밖에 없는 사람들은, 염색으로 다문 몇 살이라도 젊고 깔끔하게 보여야 어쭙잖은 일자리라도 마련하기가 쉽다. 복장은 물째 지고, 얼굴의 주름은 어쩔 수 없으니 포기하더라도, 허옇게 센 머리로 일자리를 구하러 다니면 늙고 추해 보여 일자리를 얻기가 쉽지도 않다.

건강이 허락하는 한, 내 손으로 벌어서 먹고살지 않으면 안 된다는 절실함에서 늘그막에 염색 내열에 동참했다. 하지만 현실적인 나이가 있어 취업에 얼마만큼 도움이 될는지 확신은 없다. 도움이 되었으면 하는 바람이다.

스킨십과 성희롱

요즈음 여자들에게 성희롱이나 성폭행으로 고소, 고발당하는 남자들이 많아졌다. 'Me Too' 운동의 확산으로 예술계는 물론 재계, 정계, 법조계, 신성불가침인 종교계에 이어 최고의 지성이라고 자부하는 시인이나 소설가까지 여성들의 폭로가 이어지고 있다. 각 분야의 탑의 위치에서 존경받던 분들이어서 국민들의 충격은 더욱 크다. 남자는 세 끝(붓끝, 혀끝, **끝)을 조심해야 한다는 옛 말이 실감난다.

충청남도의 수장인, 한 때는 대권주자로 많은 사람들의 사랑을 받았던 안희정 전 충청남도 지사의 성폭행과 성추행은 온 국민의 분노와 실망, 그리고 질타와 비난이 끝 간 데 없이 이어지고 있다.

남여가 만나 서로에게 끌리면 스킨십은 자연스럽게 이루어진다. 결혼에 이르기까지 거쳐 가는 예쁜 과정이다.

하지만 결혼한 사람들이 결혼을 할 수도 없으면서 이 여자 저 여자에게 하는 스킨십은 말 그대로 성가신 성희롱이다. 인류가 존재하는 한 그치지 않을 종족보존의 몸짓 일는지는 모르겠지만, 쾌락을 추구하는 인간의 욕망은 무한해 보인다.

- 수필문학 등단. 한국수필가협회 회원, 문학사랑 문인협회 회원
- 군포문인협회 회원. 한국문인협회 회원.
- 문학사랑 제 10회 인터넷문학상 수상.
- 한밭소설가협회 회원. 한밭수필가협회 회원. 대한사이버문학 설립자
- 소설집 『참고인』(2016.7) 〈오늘의문학사〉 출간.
- E-mail : cryingbird50@hanmail.net

일부일처제는 인간의 본능을 법으로 다스려 사회 질서를 지키겠다는 의도였겠지만, 아무래도 사람들은 그 법, 그 질서 안에서 살아가기가 힘든 모양이다. 사생활보호법이라는 제도가 엄연히 존재하고 있어 법도 사람들의 내밀한 일상까지는 간여할 수가 없다.

인간의 쾌락본능은 법 뒤에 숨어 은밀하게, 호시탐탐 기회를 노리고 있다. 돈 있고 권력 있는 남자 분들, 그동안 쉽고 편안하게, 관행처럼 통과해온 것들에게서 자유로울 수 없게 되었다. 성추행과 성폭행의 제목으로 고발, 고소 당하는 사건들이 눈에 띄게 증가하고 있기 때문이다. 졸지에 성도착증 환자로 낙인이 찍힐 판이다. 세상은 그런 스캔들에 얼굴 찌푸리면서도 한편 호기심을 갖는 것도 사실이다.

조선시대 여자들은 나들이 때 장옷으로 얼굴을 가렸다. 사랑이 싹 틀 소지를 원천봉쇄 시키고자 작정하고 한 장치이다. 늙으나 젊으나 남자 여자는 가까이 있으면 정분이 나기 십상이라는 것을 진리처럼 존중했던 시대였다. 그래서 조선시대 남자와 여자는 혼례를 올린 첫 날 밤에 비로소 서로의 얼굴을 볼 수 있었다. 그렇게 해도 평생 해로하며 잘 살 수 있었던 것은 남과 여이기 때문이라고 한다.

사랑해서 죽고 못 살겠다고 난리를 치다가, 결혼만 하고 나면 이내 못 살겠다고 헤어지는 요즘 사람들의 결혼 풍속을, 어른들은 위와 같은 예를 들어 보이며 비난한다.

학창시절 선생님은, 남자는 여자와 다른 육체적 조건을 가지고 있으니까 남자를 자극하는 상황을 만들지 말라고 하였다. 예전에는 여자가 성폭행을 당하면 쉬쉬하며 당한 당신의 딸만 가지고 닦달하고 자책했다.

남여가 대등한 위치에서 머리를 맞대고 일을 해야 하는 시대인데, 자극적인 상황을 만들지 말라, 피해 가란 말은 적절해 보이지 않는다. 그러나 남자들과 하는 회식이나 술자리, 그리고 2차로 가는 노래방 자리 같은 것은 피하는 것이 좋을 것 같다는 생각이 든다. 술로 흐트러진 남자들의 자세를 여자들이 감당하기에는 벅찰 수밖에 없다. 하지만 이 모든 자리가 직장인들에게는 허심탄회하게 소통할 수 있는 기회인데, 매번 피하다 보면 어느덧 그 사회에서 소외되어 외톨이가 될 수도 있겠다는 생각이 들기도 한다. 하여간 남자와 동등한 위치에서 대등하게 일을 해나가기 위해선 여자는 무엇을 주의해야할지, 자신만의 처세의지가 강력하게 요구된다. 아무튼 남자도 마찬가지이다. 요즘 여자들의 유혹도 만만치 않다니까.

오래 전 일이다. 지인의 딸이 대학에 입학해 첫 미팅에 나가기 전, 남자가 다가와 스킨십을 하려고 하면 어떻게 하나고 걱정을 했다. 학교 때 선생님이 해주셨던 말이 떠올라, 남자를 자극하는 상황을 만들지 않는 게 좋을 것 같다고 했다. 그랬더니 그 여대생은 놀랍게도, 대뜸 반발했다.

"그럼 결혼을 어떻게 해요?"

예상치 못한 기습이고 반전이었다. 지인의 딸은 이미 남자와 사랑하는 방법을 알고 있었던 것이다.

사람 조심, 차 조심

TV에 사건반장이라는 프로그램이 따로 생길만큼 어이없는 사건들이 많이 일어나고 있다. 미성년자 딸의 친구를 성폭행 하려한 '어금니 아빠 이영학' 같은 파렴치한이 있는가 하면, '고박'하지 않은 윤활유 통이 굴러 떨어져 폭발하는 사건으로, 그 뒤를 무심히 따라가던 차량들이 부서지고 다치고 죽는, 창원 터널의 트럭사고가 그렇다. 돈이 많다는 이유 하나로 킬러의 타깃이 되어 죽고, 돈을 노리는 자식이 부모를 살해하는 천인공노할 범죄가 사건반장에 자주 등장한다. 그리고 미성년자들의 학교 폭력은 또 얼마나 악랄한지…이 모든 사건들은 이기심이 앞선 도덕적 파탄으로, 일어나서는 절대 안 될 것들이지만, 실제로 우리들 가까이에서 일어나고 있는 게 현실이다. 이러한 범죄를 저지르는 자들은 인간의 탈을 쓴 짐승이거나 악귀가 빙의 되어있지 않고서는 인간의 양심으로서는 저지를 수 없다고 생각한다. 십여 년 전 여아를 성폭행한 범죄자가 복역을 끝내고 곧 사회로 복귀한다고 한다. 십여 년 갇혀 살았어도 60대 밖에 되지 않는다니 국민들 마음은 불안하다.

범죄의 수법이 점점 악독해져가고 있는 사건뉴스를 지켜볼 때마다 몸서리가 쳐진다. 손자들이 밖에 나갈 때마다 초등학교 때는 차 조심만 주의 주었는데, 중학교에 들어가선 학교 폭력배들한테 괴롭힘을 당할까봐 사람 조심까지 주의를 주고 있다. 손녀가 숙녀티를 내면서는 더욱 불안하다. 현관문을 나가는 아이들의 등 뒤에 대고 소리를 지른다. 매일 반복하는 말에 타성이 붙어 무심해질 까봐 목소리 톤을 높였다 낮췄다 하며 아이의 주의를 끌어 보려한다.

어른들도 마찬가지다. 울컥 해 누군가와 부딪혀 다투다가 원한이 피도 사지 않을까 걱정이 된다. 학원에서 늦게 귀가하는 손자들, 늦은 귀가 하는 딸 부부 모두가 걱정이 된다. 가족이 모두 귀가할 때까지 마음이 편치 않다. 재수 없으면 길 가다가도 도로로 올라오는 차에 치일 수 있고, 모르는 사람한테 묻지 마 폭행을 당할 수도 있기 때문이다.

왜 조심해야 하는 가를 주지시키기 위해 뉴스를 많이 보는 내가 요즘 일어난 사건들을 예를 들어 줄라치면, 아이들은 버럭 화를 낸다. 내 진심을 몰라주는 아이들의 행동에 오히려 내가 노엽다. 사건 내용이 듣기 좋을 리가 없다는 것은 나도 잘 알고 있다. 기분 나쁘고 은근히 두렵기까지 한 사건들임에 틀림없다. 조심하겠다고 온순하게 대답하면 될 것을 화까지 낼게 뭐가 있나 하며, 자식들한테 무시당한 것 같아 불쾌하다.

뉴스에 나오는 것처럼 세상은 그렇게 나쁜 사람들만 살고 있는 게 아니라고 오히려 나를 훈계한다. 그렇겠지, 이만큼이라도 안전하게 살고 있다는 것이 그것을 증명해주는 것이리라. 그렇지만 만의 하나, 내게 그런 일이 닥치지 말라는 법 있느냐고, 조심해서 나쁠 것 뭐 있겠느냐고 하면, 어떻게 조심하느냐고, 왜 그런 뉴스만 보고 있느냐고 화를 낸다. 내가 보고 싶어 보는 게 아닐 것인데도 내 탓을 한다.

오늘도 난 외출하는 아이들의 뒤통수에 대고 소리친다.

"사람 조심 차 조심…명심해! 잊지 마…."

낡은 산행수첩(2)

프롤로그

낡은 산행수첩을 뒤적인 지 두 번째이다. 지난 호에 끄적였던 계룡산과 점봉산의 추억은 마치 구석기시대의 일인 양 먼 기억의 저편에 있다. 하지만 불과 반년이 더 지나 퇴직을 하고 난 지금 생각으로 시간의 간극은 더 멀게만 느껴진다. 모든 것은 관념의 문제이겠으나 체험하는 시차의 느낌은 표현하기 어려운 그 무엇이 있다.

이제 두 번째의 산행수첩을 뒤적여 본다. 기억은 낡은 흑백사진처럼 머릿속에서 바래져 있지만 그 조각들이 꼬리를 무는 순간 총천연색 시네마스코프가 되어 대형 스크린에 투사되듯 빛난 모습으로 되살아난다. 두 번째의 산행기록은 지리산에서의 추억이다. 지리산 산행은 그 후 다시 수많은 코스와 사연에 따라 스무 번 넘게 이어졌지만 가장 기억에 남는 것은 첫 종주산행이다. 1982년 연구원에 입사하던 해, 여름휴가를 어떻게 보람 있게 보낼까 궁리 한 끝에 지리산 종주를 하기로 했다. 하지만 당시의 등산 여건상, 종주는 쉽게 엄두가 나지 않았다. 그래서 일단 장비를 챙긴 후 부산으로 내려갔다. 부산에서 동조자를 구하기 위해서였다.

• 1956. 9.12. 경북 의성 출생
• 부산수산대학교 졸업
• 한국해양수산개발원 명예선임연구위원
• 해양 칼럼리스트
• 대한사이버문학 동인
• E-mail : ysock57@hanmail.net, Tel : 010-6209-3364

부산에서 의기투합한 친구는 등산에 대한 경험이 별로 없었고, 거기다 얼마 전까지 열병을 앓던 친구로서 체력이 상당히 약해져 있었다. 다소 염려가 되기는 했으나 일정을 맞출 수 있는 친구가 없었기 때문에 무리인 줄 알면서도 혼자서는 엄두가 안 나 그 친구와 종주에 나서기로 하였다. 그래서 장비와 산행 정보, 교통 문제 등 모든 것을 혼자 준비하다시피 했다. 그렇게 이틀간을 동분서주한 끝에 드디어 지리산 출발 준비를 마치고 나니 배낭무게만 30kg에 달했다. 하지만 출발이다. 어떻든 지금부터 40여 년 전의 지리산 종주등반의 기억으로 들어가 보기로 한다.

입산

부산에서 지리산으로 가기 위해서는 진주를 경유하여 중산리로 가는 코스가 일반적이었다. 거기서 법계사를 거쳐 천왕봉을 올랐다가 장터목, 세석, 벽소령, 임걸령으로 해서 노고단, 화엄사로 빠지거나 임걸령 못 미쳐서 뱀사골이나 피아골로 빠질 수가 있는데, 어느 것이나 종주에 해당된다. 우리는 가장 장쾌한 화엄사 코스를 택했다. 기본적으로 노고단-천왕봉 코스를 종주라고 하지만 요즘은 노고단 코밑인 성삼재까지 버스가 가기 때문에 지리산 종주산행에 큰 의미를 두지 않는 산악인이 많다. 그만큼 종주산행이 일반화되어 버렸다. 대신 보다 힘든 산행을 맛보기 위해서 차를 이용하지 않고 지리산 자락인 화엄사에서 노고단을 올라 천왕봉을 거쳐 역시 지리산자락인 대원사까지의 코스를 '화대종주'라고 하여 더 난이도 높은 별도의 지리산 종주산행으로 쳐주고 있다. 당시에는 화대종주라는 말도 없었고, 지리산 종주라고 하면 당연히 중산리나 대원사에서 걸어 올라가 화엄사나 뱀사골 등으로 걸어 내려오는 것을 의미했다. 그래서 당시의 지리산 종주는 그만큼 산악경력으로 인정을 해

주는 분위기였다.

부산에서 아침에 출발했음에도 진주를 거쳐 중산리에 도착하니 시간은 늦은 오후가 되었다. 그래서 우리는 버스에서 내리자마자 바로 산으로 들어갔다. 배낭을 메고 산 오름으로 접어들자 한여름의 열기는 이내 온몸을 휘감았다. 80리터 배낭에는 지금은 상상도 못할 물건들이 들어 있었다. 우선 A형 텐트를 보자. 텐트 재질이야 그렇다 치더라도 폴대와 펙이 알미늄이나 철골로 되어 있었기 때문에 야영장비 무게만도 만만치 않았다. 거기다 매트리스와 군용침낭, 그리고 배수로를 파기 위해 쇠로 만든 야전삽, 호신용 대검, 군용 철제 수통과 자바라 물통, 구리합금으로 만든 시나브로 석유 버너, 연료용 석유 2리터와 가열용 알콜 두 병, 대형랜턴과 알미늄 코펠 1세트, 스텐 수저와 비닐 비옷, 텐트 플라이 등등… 이것이 기본 장비였다. 거기다 4일 동안의 식량, 다량의 알콜. 여벌옷과 세면도구 등등이 80리터 한 가득이었다. 그래서 무게가 30kg에 달했다. 식량도 4일치 쌀과 라면, 꽁치 통조림, 감자, 양파, 마늘, 풋고추, 돼지고기 등등. 마실 알콜만 해도 소주 큰 병 2병 정도는 넣었을 것이다. 정확히 기억이 나지는 않지만 어쩌면 그것보다 더 많이 넣었을 수도 있다. 왜냐하면 등반에 실패하면 용서를 받지만 술이 떨어지면 용서받지 못한다는 풍토가 선배들로부터 주입받던 시절이었기 때문이다.

아무튼 장황하게 설명하였지만 종주 산행을 하면 이 정도는 당연하다고 여겼고, 무엇보다 젊었기 때문에 충분히 감당이 되었다.

때는 7월 말. 무더위가 온 산을 뒤덮을 때였다. 무거운 배낭을 메고 고도를 높여감에 따라 몸은 온통 열기로 뒤덮였다. 오후 늦은 시간이라 사람들은 별로 없었다. 땀이 안경을 적셔 시야가 불편했으나 등에서 내려찍어 누르는 배낭의 무게에 마음대로 땀을 닦기 어려웠다. 요즘같이 멋진 모자에 선글라스 끼고 스틱으로 몸의 밸런

스를 유지하며 제대로 워킹 폼을 내던 때도 아니었다. 스틱이 유행한 것이 1990년대 중반 이후이니 당시의 등산이란 그야말로 목숨 걸고 전투에 임하는 용사의 마음이 아니면 엄두를 내기 어려운 시기였다.

칼바위 밑에 왔다. 해 그림자가 길어졌다. 이 근처에서 야영을 해야 한다. 산에서는 어둠이 쉬 오는 법. 빨리 숙영 준비를 해야 한다. 둘러보니 주위에 몇 동의 텐트가 쳐 있었다. 우리도 적당한 곳을 물색해서 텐트를 쳤다. 하늘에 해가 쨍쨍한데도 우정 야전삽을 꺼내 배수로를 팠다. 요즘같이 휴대폰으로 일기예보를 알 수 있는 시절도 아니고, 어차피 무거운 철제 야전삽을 가져 온 것이 배수로 파기 위한 것이니 써먹기 위해서라도 팠다. 그리고 텐트를 쳤다. 계곡 물을 떠서 밥을 짓는 한편 된장국 끓이기 위해 양파와 감자를 깎았다. 간편식이 지천인 요즘에는 상상도 못할 귀찮은 일이지만 당시는 즐거움이었다. 자유인만이 누리는 절대 행복. 한 끼 때운다는 개념이 아니라 마치 신성한 입산 의식이나 치르는 듯 했다. 밥과 찌개, 그리고 김치와 마른 반찬으로 저녁을 먹었다. 어둠이 밀려왔다. 산에서의 밤은 어둠과 함께 바람이 잘 분다. 골바람인 것이다. 한여름이지만 약간 처연한 느낌이 들었다. 첫날밤인 것이다.

산에서의 밤은 쉬 오는 법. 밥을 채 먹기도 전에 이내 땅거미가 몰려왔다. 먹다 남은 밥과 찌개는 코펠에 담아 둔 채, 한 귀퉁이에 놓아두고 나니 할 일이 없었다. 변변한 랜턴도 없었기 때문에 희미한 손전등 하나만 텐트에 매달아 두고 둘이 마주앉아 소주를 마시기 시작했다. 별스런 이야기도 아니었지만 시간을 죽이느라 낄낄거리며 술잔을 비웠다. 요즘은 휴대폰과 블루투스를 이용해 우아한 음악도 들을 수 있지만, 당시는 밤이 되면 적막 그 자체였다. 그래서 서너 명 이상이 모이면 모닥불을 피워놓고 노래를 부르는 것이 낭만의 하나였다. 모닥불. 산 속에서의 모닥불이라니… 정말 꿈같은 이야기이다. 그것도 국립공원에서. 하지만 당시 야영은 어디서나 가능했고, 좀 한갓진 곳이라면 모닥불 피우는 것이 다반사였다. 낭만의 하나였던 것이다. 하지만 우리는 둘 뿐이었고 그 자체가 번거로운 일이어서 텐트 속에서 술잔만 홀짝이고 있었다.

그때 밖에서 인기척이 났다. 내다보니 인근 텐트 사람이 자기들 술 마시는데 같이 합석하자는 이야기였다. 마다할 이유가 없었다. 그렇지 않아도 둘 만으로는 뭔가 허전하던 참이었다. 서둘러 술과 몇 가지 안주를 가지고 인근 텐트로 갔더니 이미 여러 텐트에서 모인 사람들이 십여 명 둘러 앉아 있었다. 그리고 가운데는 여지없이 모닥불이 피워져 있었다. 우리는 자리를 권하는 대로 앉아 술잔 세례를 받았다. 모두 2,3명씩 입산한 처지라 한데 모이니 제법 술 홍이 나기 시작했다. 우선 돌아가면서 자기소개를 하고 앞으로의 산행계획을 이야기했다. 당시는 지도가 흔하지 않았고, 코스를 제대로 아는 사람도 많지 않았다. 대략 선배나 친구들로부터 어디로 갔다 더라는 이야기만 듣고 온 사람들이 많았다. 장비도 캠핑장비 정도에 불과한 사람들이 많았다. 그때는 그랬다. 종주산행에 대한 개념이 있는 사람이 거의 없었다. 대부분 정상을 목표로 하였다. 그 중 기억에 남는 사람 중에는 인근 마천면에 사는 농사짓는 젊은이였는데, 젊은 사람들이 배낭을 메고 지리산에 오르는 것이 신기하여 무작정 왔단다. 산 밑에 살면서 가보지 못한 것이 무슨 큰 죄라도 짓는 듯 해서였단다. 그야말로 남들 따라 장에 간격이지만 그 각오가 대단했다. 당시 등산이란 일부 의식 있는 젊은이들만이 가는 행위로 치부되는 경우가 많았다. 사실 젊은이들의 전유물이기도 했다.

술잔은 끝없이 돌았고, 이야기보따리는 끊어질 줄을 몰랐다. 서울, 부산, 대구, 광주 전국 각지에서 모인 사람들이라 이야기가 흥미진진하지 않을 수 없었다. 광주에서 온 사람은 광주사태에 대해 열

수필 = 옥영수

변을 토했다. 다소 과장 된 듯한 이야기에 반신반의하면서도 모두 귀를 기울였다. 광주사태가 발생한지 2년밖에 안된데다 언론에서 제대로 보도하지 않던 시절이었기 때문이다. 취기가 점점 오르기 시작했다. 시간이 얼마나 되었는지도 모른다. 술이 떨어지면 연신 자기 텐트에 가서 술을 가져와 돌렸다. '산에서 술 떨어지면 죽음'이라는 말을 공공연히 하던 시절이었다. 급기야는 노래 소리가 흘러나왔다. 돌아가면서 부르는 것이었지만 선창만 하고 나면 모두 합창을 했다. 청춘이 불타오르고, 낭만이 온 몸에 휘감기던 때였다. 산에서의 만남은 아무 거칠 것이 없는 시기이기도 했다. 하지만 어느 순간 취기가 사라지는 것을 느꼈다. 내일 산행이 걱정되었던 것이다. 정신을 차려야했다. 그래서 제안을 했다. 모두 내일 산행을 해야 하니까 자제를 하자고. 그런 의미에서 시간을 정해서 마시자고 했다. 마침 달이 서쪽 산봉우리 근처에 머물고 있었다. 바로 헤어지기도 아쉬우니까 저 달이 모습을 감출 때까지만 술을 마시자고 했다. 모두들 동의하여 결국 달이 산자락에 숨을 때까지 술을 마셨는데, 그것이 몇 시쯤인지는 모르겠다.

능선에서

이튿날 눈을 뜨니 해가 중천에 떠 있었다. 어제 밤 함께 술을 마셨던 사람들 중 이미 텐트가 없어진 곳도 있었다. 우리도 서둘러 밥을 덥혀 먹고 산행에 나서기로 했으나 머리가 지끈거렸다. 오늘부터 본격적인 산행인데 첫날밤부터 달려도 너무 달렸다. 기가 막힌 일이라 하지 않을 수 없다. 하지만 그렇다고 산행을 포기할 수는 없는 일이다. 허둥지둥 야영지를 떠났다.

그 때까지의 삶 속에서 그 날만큼 고통스런 날은 없었다. 전 날보다 더 무거워진 배낭을 메고 천왕봉 비알을 오르는 것은 지옥길이

나 다름없었다. 7월 말의 작열하는 태양은 얼굴이고, 등이고 가리지 숨이 막힐 정도인데, 전날 그렇게 달렸으니 배겨 날 수가 없다. 친구는 그렇지 않아도 체력이 약해져 있었던 터라 한발 디디면서 비틀거리기 일쑤였다. 하지만 본격 산행이 시작되는 둘째 날부터 포기할 수는 정말 없는 일. 우리는 이를 악물었다. 땀이 얼마나 흘렀는지 뺨에서는 햇볕에 마른 소금이 어석거렸다. 둘째 날 목표점은 천왕봉과 장터목을 지나 세석평전이었다. 요즘에야 등산로가 잘 정비되어 천왕봉이라 하여도 트레킹코스 정도에 불과하지만 당시는 상황이 달랐다. 온통 바위, 아니면 너덜지대였다. 더구나 중산리에서 법계사를 지나 오르는 코스는 천왕봉 코스 중 가장 짧지만, 내신 그만큼 급경사로 이루어져 있다.

지리산 천왕봉. 1915m의 높이로 남한 육지부에서 제일 높은 산이다. 지리산은 3개도에 걸쳐 있고, 그 둘레 유역이 800리에 이를 정도로 방대한 산역을 포함하고 있다. 그래서 한국전쟁을 전후해 빨치산들은 이곳을 근거지로 삼았다. 마지막 빨치산이라는 '순이'가 사살된 때가 1960년이니 당시로서는 불과 20여 년 전의 일이었다. 그래서 1965년 지리산이 우리나라 제1호 국립공원으로 지정되기 전까지는 입산이 전면 통제되었다하니 당시의 지리산 등반은 요즘으로 치면 어지간한 해외 오지산행과 다를 바 없었다. 지리산 종주를 하기 위해서는 기본적으로 천왕봉과 노고단을 지나야 하는데, 그 종주선상에 제석봉, 촛대봉, 삼신봉, 영신봉, 형제봉, 토끼봉, 삼도봉, 반야봉 등 20여개의 기라성 같은 봉우리들을 넘어야 한다. 그 하나하나가 모두 1500~1700m대의 고봉으로 이루어졌으니 어찌 장쾌하다 하지 않을 것인가?

지금은 사라진 로타리 산장과 법계사를 지나 1,500m 고지로 올라서니 그나마 원경들이 보이기 시작했다. 아스라이 이어지는 봉우리들은 수많은 계곡을 형성하여 골마다 마을과 사연을 지니게 되었다. 대성골, 거림골, 뱀사골, 피아골, 칠선계곡, 백무동계곡… 한 많은 사연과 피 어린 전설들을 간직한 골골마다 어김없이 한여름의 폭염은 내려 쪼이고 있었으나 산자락에서 보는 광경은 평온하기만 했다.

얼마나 올랐을까? 다리쉼을 한 것만도 20여회는 더 되었을 듯싶다. 순간 천왕샘 표시가 눈에 들어왔다. 그리고는 아! 하는 탄식이 솟아나왔다. 저 샘에서 500m만 가면 천왕봉이 나오는 것이다. 우리나라에서 가장 높은 곳에 위치한 샘. 남강의 발원지. 그곳에서는 맑은 샘물이 퐁퐁 솟아나고 있었다. 표주박으로 떠 마시는 샘물의 달콤함이란 결코 잊을 수 없는 일이다. 머릿속에서는 이 높은 고도에서도 어떻게 샘이 솟아나는가를 생각했다. 고등학교 지학시간에 배운 지표수의 원리를 생각하면 이 물은 저 먼 백두산이나 개마고원, 아니 어쩌면 더 먼 티베트나 세계의 지붕인 파미르고원에서 흘러들어온 물인지도 몰랐다.

그리고는 천왕봉에 올랐다. 500m의 수직 길은 십리보다 더 먼 양했지만, 어쨌든 우리는 올랐다. 생애 첫 천왕봉과의 대면은 감동보다 먼저 녹초가 되어 일어서 소리조차 지를 수 없을 정도였다. 천왕봉에서 우리는 한동안 바위에 걸터앉아 몸을 추슬렀다. 이어 종주능선으로 내려왔는데, 통천문을 지나 장터목에 이르자 한발도 뗄 수가 없을 정도가 되었다. 시간도 많이 지체되어 당초 목표했던 세석평전까지는 엄두가 나지 않았다. 요즘에야 장비도 좋고, 경험도 많고, 무엇보다 등산로가 잘 정비되어 있기 때문에 야간산행도 즐겨하지만 당시로서는 야간산행이란 생각조차 할 수 없는 시절이었다.

둘째 날 밤은 어떻게 잤는지 기억도 잘 나지 않는다. 아마 겨우 텐트를 치고 그대로 쓰러졌을지도 모른다. 셋째 날이 밝았다. 셋째 날의 코스는 세석평전을 거쳐 벽소령, 연하천 산장을 지나 반야봉 갈림길, 삼도봉, 임걸령을 거쳐 노고단까지 가야한다. 방향은 정해진 것이니 몸을 굴리기만 하면 된다. 이것저것 잴 것이 없다. 이런 생각을 하니 한편으로는 마음이 평안하기도 했다. 가야할 길이 명확하지 않다면 불안해서 발걸음이 잘 떼 지지 않는데 그렇지가 않으니 마음은 편한 것이다. 지리산 종주 능선에는 샘이 많다. 그래서 물 걱정은 하지 않아도 된다. 그만큼 짐 무게가 줄어드는 장점이 있다. 이 점은 설악산이나 덕유산 종주와는 다른 지리산만의 큰 장점이라 할 수가 있다. 그래서 일찍부터 지리산 종주를 우리나라 대표적인 종주산행 코스로 꼽고 있는 것이다.

세석평전에 왔다. 1,500m 평원이 온통 철쭉 밭이다. 수 만 명이 야영할 수 있는 넓은 곳이다. 그래서 1990년대까지는 해마다 5월이 되면 여기서 철쭉 축제를 하였다. 그로부터 5년 뒤 직장 산악회와 함께 5월 세석평전을 찾았을 때 족히 만 동은 넘을 듯한 텐트의 장관에 입을 다물 수 없었다. 그 넓은 데서 수만 명의 사람이 넘실대는 것은 충격이었다. 빨치산들은 여기서 밭을 일궈 양식을 조달했다고도 한다(하지만 지금은 야영을 못하는 것은 물론이거니와 그 많던 철쭉도 모두 사라졌다. 환경복원을 한다고 키 큰 교목을 심어 당시의 정취는 어디에도 느낄 수 없다. 또 격조 높은 풍광으로 남아 있던 고사목도 어찌된 판인지 지금은 모조리 잘라버려 옛 정취를 조금도 느낄 수가 없다. 안타까운 일이라 하지 않을 수 없다.)

벽소령을 지났다. 지리산 8경 중의 하나인 벽소령은 밤에 이곳에서 달을 봐야하지만 우리는 샘물 한 컵과 간식 조금 먹고 얼른 자리를 떴다. 연하천. 이곳도 전설이 많이 서린 곳이다. 여기서 점심을 먹고 서둘러 발걸음을 옮겼다. 30년 뒤. 장성한 아들과 다시 종주 산행을 할 때 역시 같은 곳에서 점심을 먹었으나 그 때는 사람들로 북새통을 이루어 옛 정취는 어디서도 느낄 수 없었다.

삼도봉, 영신봉, 뱀사골 갈림길을 지났다. 반야봉이 보였다. 반야봉 낙조 역시 지리산 8경의 하나. 해가 반야봉 허리에 걸렸다. 조금 더 지체하면 반야봉 낙조를 볼 수 있을 듯 싶었다. 하지만 아직도 갈 길이 멀다. 노고단까지 가야 한다. 노고단을 가야 텐트를 칠 수 있다. 물론 식수도 있고….

반야봉은 우정 오르지 않았다. 배낭을 벗어두고 갔다 와도 되지만 조금의 시간이라도 절약하고자 바로 노고단으로 나섰다. 삼도봉을 지났다. 마음이 불안해지기 시작했다. 해가 서쪽 반야봉 너머로 지고 있었다. 큰일이다. 어둠이 곧 밀려 올텐데… 거기서는 야영할 만한 곳이 없었다. 식수도 물론 없거니와 텐트 칠 공간이 없는 것이다. 부지런히 발을 옮기는 수밖에 없다. 임걸령에 도착했을 때 이미 사위는 깜깜해져 있었다. 어둑해진 속에서 몇 개의 불빛이 보였다. 텐트였다. 더 이상 진행할 수도 없었다. 어둠이 내려깔린 너덜길은 매우 위험하기 때문이다. 더구나 30kg에 달하는 무거운 박배낭을 메고 있지 않는가? 하지만 진짜 중요한 이야기는 다리가, 발이 더 이상 걷기를 거부하고 있다는 것이었다. 더 이상 망설일 필요가 없었다. 쉼 다리하고 앉았지만 채 5초도 지나지 않아 여기서 1박을 하지 않을 수 없다는 것을 깨달았다. 그래도 노고단까지에는 유일하게 샘이 있는 곳이었기 때문이었다.

배낭을 내려놓고서 주변에 텐트 칠만한 곳을 둘러 봤다. 검은 어둠이 점점 밀려오는 가운데 잡목 사이에 겨우 텐트를 칠만한 공간을 발견했다. 어둠 속에서 대충 텐트를 쳤다. 폴대를 겨우 세우고, 팩은 박는 듯 마는 듯 했다. 몸이 녹초가 되기도 했지만 바닥에 자갈이 많아 팩이 잘 들어가지도 않았기 때문이다. 얼기설기 텐트를 치고 저녁준비를 했다. 요즘 같으면 라면 한 두개 끓여 햇반과 더불어 간단한 식사를 할 수 있겠지만 당시는 무조건 밥을 해야 하고, 된장국이나 꽁치나 고등어 통조림 찌개가 기본인 시절이었다. 그러니 자연 조리시간은 길어질 수밖에 없었다. 밥과 찌개 준비를 하고 석유버너를 피워야 하는데, 그게 또 손이 많이 갔다. 석유버너(당시에는 그것만 장만해도 온 장비를 다 가진 듯했다. 국산 석유버너가 막 나오던 시절이었다)를 피우기 위해 알코올로 예열을 한 다음 석유 불을 붙여야 하는 것이다. 이런 과정에서 양념통, 도마, 칼, 통조림 따개 등 부대장비가 두루두루 필요하다. 또 연료 외에 알코올과 라이타나 성냥도 필수적이다. 힘과 시간이 얼마나 많이 소요되던 시절인가? 몸은 녹초가 되어도 배부르게 먹어야 산행을 이어갈 수 있으니 텐트치고, 조리해 먹는 것이 신성한 일이지 않을 수 없었다. 그렇게 또 하루가 지나갔다.

하산

새벽녘, 후두둑 하는 소리가 났다. 잠이 선뜻 깨었지만 몸을 움직일 수 없었다. 온 몸이 피곤함으로 욱신거렸기 때문이다. 한동안 누운 채로 생각해 봤다. 빗소리였다. 비가 온다. 순간 어젯밤 어둡고 너무 피곤해 배수로를 파지 않고 그냥 텐트 쳤던 것이 생각났다. 폴대만 세우고 팩도 제대로 박지 않았다는 생각이 들었다. 배수로가 없으면 물이 텐트 밑으로 들어온다. 그러면 큰일이다. 잠도 설치거니와 물에 온통 젖은 텐트를 짊어지고 가야하기 때문이다. 하지만 방법이 없다. 지금 어쩔 것인가? 가는 빗줄기가 이어졌다. 제대로 비가 올 모양이었다. 곧이어 친구도 잠을 깼다. 둘은 누워서 눈만 껌벅거리며 내리는 빗소리를 들었다. 한 30분 지났을까? 용기를 냈다. 귀찮고 피곤하지만 지금이라도 텐트 정리를 해야만 했다. 그러면 바닥은 덜 젖었으니 그만큼 덜 무거울 것이었다. 몸이 천근만근이었으나 서둘러 일어나 밖으로 나오니 한 여름이지만 온 몸에 한기가 엄습해 왔다. 여름이라지만 밤새 능선 바람에 체온이 많이 빼앗긴 탓이다. 더구나 비가 내리고 있지 않은가? 우리는 서둘러 텐트정리를 했다. 가는 빗줄기에 몸은 조금씩 젖어갔다.

텐트를 걷고 이슬비 속에서 짐을 대충 꾸려 허둥지둥 막영지를 떠났다. 허접한 비닐 우의를 대충 걸치고 노고단으로 빠른 발걸음을 옮겼다. 비에 젖은 너덜길이 미끄러워 속도를 내기 어려웠다. 노고단까지는 4km. 길 상태가 좋지 않아 한 시간 반은 걸릴 것이다. 아침도 먹지 않아 허기진 상태에서 솜사탕처럼 녹지근해진 몸뚱이를 옮기는 것이 고역이었지만 비운무가 자욱한 지리산의 새벽 산길은 한편으로는 묘한 선경을 연출하고 있었다. 그때까지 그런 장관을 본 적이 없어 입이 벌어질 정도였다. 이슬비가 내리는 가운데 흰 구름 뭉치가 뒤쪽 반야봉에 걸려 있었다. 금방이라도 길 한쪽에서 산신령이 웃으며 바라보고 있는 듯 했다.

노고단에서 라면으로 아침을 때웠다. 커피를 끓여 몸을 덥히기도 했다. 어쨌든 노고단에 도착했다. 지리산 종주의 한쪽 기점인 노고단을. 이제 종주는 거의 완결한 셈이다. 이제는 화엄사로 내려가기만 하면 된다. 요즘에야 노고단이면 거의 산행 끝이다. 성삼재까지 차로 갈 수 있으니까. 하지만 당시는 어쨌든 화엄사까지 걸어가야 한다. 아니면 성삼재 지나 만복대를 오른 다음 정령치까지 내쳐 달려야하는데, 그것은 종주의 연장이 된다. 그래서 화엄사까지 가는 것이 당시의 종주 완결편이다. 화엄사까지는 내리막길이다. 8km의 하산길이다. 하지만 화엄사 길은 악명이 높다. 오름뿐만 아니라 내림도 마찬가지다. 왜 그런지는 가 본 사람만이 안다.

우리는 만신창이가 된 몸을 노고단에서 오래 지체할 수 없었다. 오늘은 산행 마지막 날. 화엄사에서 부산행 버스 막차가 3시이기 때문에 서둘러 하산해야 한다. 거리상으로 8km이지만 천왕봉 올라가는 것만큼 난코스여서 시간이 많이 소요될 것이기 때문이다. 더구나 몸은 지칠 대로 지쳐있고, 젖은 배낭을 메고서는 몸을 가누기조차 어려운 상태가 아닌가? 그나마 다행인 것은 노고단을 떠날 무렵

비는 그치고 언뜻언뜻 햇살이 비치기 시작했다. 우리는 내려가다가 햇볕이 좀더 나면 옷과 텐트를 조금이라도 말려보자고 하면서 서둘러 노고단을 떠났다.

화엄사 가는 길이 왜 험한지는 화엄사 쪽 골짜기로 들어서면서부터 바로 깨달았다. 돌로 길은 다듬어 놓았지만 그 폭이 정상적이지 않았던 것이다. 돌과의 거리가 정상적 보폭보다 크게 만들어져있어 발을 옮기기가 쉽지 않았다. 30분 정도 내려오니 벌써 다리가 후덜덜 해지고 몸의 중심을 잡기 힘들었다. 몸은 다시 땀범벅이 되었다. 이 길을 오름으로 한다면 그 에너지는 훨씬 더 클 것이었다. 그런 와중에 어느 순간 발을 한번 크게 떼자 비에 젖은 바지 옆이 죽—하고 터져 버렸다. 제대로 된 등산복이 없던 시절이라 면으로 된 예비군복 바지를 입고 갔는데, 비에 젖은 바지가 몸에 찰싹 붙은 상황에서 무리하게 다리를 벌리는 순간 실밥이 터져 버린 것이다. 황당했다. 이를 어쩔 것인가?

바지 자락을 펄럭인 상태에서 한동안 내려오다가 개울 건너는 곳을 만났다. 좀 한갓진 속을 찾아 바지를 벗어 바위에 널었다. 넘어진 김에 쉬어 간다고 텐트도 꺼내 대충 말렸다. 그리고 터진 바지 몇 곳을 칼로 구멍을 내어 작은 끈으로 몇 군데를 묶었다. 응급처치였다. 아무튼 그렇게 해서라도 내려가야 한다. 8km의 하산길이 4시간이나 소요되었다. 물론 옷을 말리고 응급처치 하는데 많은 시간이 소비되었지만 그래도 다행히 2시경에는 화엄사에 도착할 수 있었다. 식당에서 점심식사를 하고 3시 차를 무사히 탈 수 있었다.

에필로그

40여 년 전이 일이라 모든 것이 세심하게 기억이 나지는 않는다. 하지만 기억에 남는 장면마다의 일들은 머릿속에 생생하게 재현되었다. 그만큼 힘들었기도 하거니와 청춘의 절정에서 삶의 희열이 넘쳤던 시기여서인지 모른다. 그 후로 다시 여러 번 지리산을 찾았다. 종주산행만 4번을 더 하였고, 천왕봉에는 20여 차례 올랐던 것 같다. 1월 한겨울 영하 20도를 넘을 때도 천왕봉 밑 눈 더미 속에서 비박을 하기도 했고, 태풍 속에서 종주를 한 적도 있다. 하지만 경험과 장비도 없고, 산행에 대한 정보와 체력은 더더욱 열악했던 시절. 그야말로 좌충우돌 식 3박 4일의 종주산행은 그 이후 수많은 산행의 시금석이 되었다. 때로는 그 무모함에 속으로 웃음 짓기도 하고 형편없는 복장과 장비에 안타까움을 느끼면서도 그 때의 경험과 산이 주는 매력 때문에 오늘날까지 산을 삶의 동행자로 삼아 왔는지도 모른다.

우리는 부산행 막차를 타고 맨 뒷자리에 앉았다. 공교롭게도 맨 뒷자리는 모두 종주 산행자들이 앉아 있었다. 버스가 출발하자마자 서로는 십년지기나 된 듯이 서로의 산행이야기를 나누기 시작했다. 자기들이 간 코스와 산행 경험담을 침을 튀겨가며 이야기하였다. 누군가의 배낭에서 남은 소주를 꺼내 술잔을 돌리기 시작했다. 더욱 신이나 자신들의 무용담을 늘어놓았다. 모자란 술은 휴게소에서 사 와 부산에 도착할 때까지 떠들며 이야기했다(당시에는 휴게소에서 술도 팔았다). 부산 사상터미널에 도착할 때 이미 서쪽 하늘은 다시 땅거미가 지기 시작했고 우리는 어느 누구 할 것 없이 술에 취해 있었다.

인생 이모작

정년퇴직을 한 지 한 달하고도 달포가 지났다. 처음 얼마간은 평일에 집에 있으니 마치 나쁜 짓이라도 하고 있는 양 싶었다. 수업시간에 농땡이라도 치는 듯한 착각 속에 빠졌다. 1년 먼저 퇴직한 친구에게 이야기했더니 웃으면서 좀 더 놀아보란다. 아니나 다를까 한 달쯤 지나니 만성이 되었는지 아무렇지 않았다. 하지만 아직 정리가 안 된 것들이 많아 이것저것 마음이 부산하기만 하다. 남들은 인생 제2막이니 어쩌니 하면서 일견 부러운 듯, 또 한편으로는 위로를 하는 듯이 이야기하지만 정작 당사자는 마음이 허둥지둥, 마치 허공에 떠있는 듯하다. 뭐를 해야 할 지 딱히 잡히지도 않으면서 이것저것 잡스러운 일에 매달리고 있다. 별스런 일도 아니면서 시간만 뺏겨 마음이 여유롭지 않는 것이다. 작년 연말정산 서류를 만든다든지 3월로 예정된 대학 강의 자료를 만든다든지, 또 서울과 부산을 왔다 갔다 하느라 아직은 백수의 여유를 제대로 느끼지 못하고 있다. 연구실 방도 빼 주어야하는데 엄두가 나지 않는다.

작년 말 퇴임식을 한 달 정도 남겨두고부터 퇴임사 문제로 고민하였다. 전 직원 앞에서 하는 퇴임사에서 멋진 연설을 하고 싶었기 때문이다. 고민 끝에 백세 인생, 백이십 세 인생을 이야기했다. 36년간의 연구원 생활을 되돌아보니 사회는 엄청나게 변했고, 연구내용과 환경도 크게 변화했지만 앞으로의 변화는 상상도 못할 정도로 클 것이다. 그래서 우리는 백세, 백이십 세를 염두에 두고 살아야 한다는 이야기를 하였다. 물론 백세 인생은 나를 비롯한 50대 이상의 시니어들에 해당되는 말이고, 백이십 세는 2,30대 신참연구원을 염두에 둔 말이었다. 요즘 바이오산업의 발전 속도를 보면 백세, 백이십 세는 충분히 예견할 수 있기에 자신 있게 이야기한 것이다. 우리나라의 바이오산업 발전 속도는 세계 선두권이 아닌가? 의료시설과 의료진의 우수성도 세계적으로 입증된 바이니 백세, 백 이십 세 시대가 된다는 것은 자연스런 일이라 할 수 있다. 이미 고령화 사회에 진입한지 오래되었고, 조만간 초 고령화 사회로 변모한다는 뉴스도 빈번해지고 있다. 그런 상황을 염두에 두고 한 이야기였다.

요즘 인생 이모작이라는 말을 많이 한다. 고령화시대를 맞아 정년퇴직을 한 사람들이 쏟아져 나오기 때문이다. 일반적으로 1955년생부터 1963년 사이에 태어난 사람들을 '베이비부머'라고 하는데, 이들이 2010년대 중반부터 정년퇴직을 맞은 이후 인생 이모작이라는 말이 널리 회자되기 시작하였다. 1955년은 한국전쟁이 끝나고 출생 붐이 일어난 해이고, 1963년은 가족계획이 본격적으로 시작된 해이다. 필자를 포함한 이들 베이비부머들은 산업화와 민주화의 격랑을 헤치고 온 사람들이다. 대략 1980년대 초반에 사회에 첫 발을 디딘 후 1980년대 민주화 과정과 고도경제성장기를 거친 반면, 또 IMF의 냉혹함을 맛본 세대라 할 수 있다. 온탕과 냉탕을 두루 거친 시대 속을 살아왔다. 이들은 태어나면서부터 삶의 경쟁에 뛰어들었고, 초등학교 시절 한 반에 70,80명의 콩나물 교실을 겪었고, '저 하늘에도 슬픔이'란 영화를 보며 눈물을 흘렸고, 70년대 장발과 미니스커트에 열광하기도 했다. 얼음장 같은 유신 치하에서 학도호국단과 최류탄을 동시에 맛보았고, 부마사태, 광주사태의 격랑 속에 휘둘리기도 했다.

이들이 정년으로 사회에 쏟아져 나온 것이다. 58세나 60세의 정년을 채웠거나 그렇지 못한 이들은 명예퇴직, 조기퇴직의 이름으로 사회에 쏟아져 나오기 시작했다. 이들이 사회에 쏟아져 나오자 또 다른 경쟁이 시작되었다. 비록 쥐꼬리 같지만 당초 약속되었던 국민연금은 슬금슬금 지급시기를 늦추기 시작했다. 예전에는 60 정도가 되면 사회 원로 층으로 공경 받았으나 어느 틈엔가 그 나이가 되어도 낀 세대 밖에 되지 못한다. 젊은이들은 퇴직자들을 잉여인간 취급을 하게 되고, 선배들은 어린 것이라고 웬만한 일에도 눈을 흘긴다. 70이 되어도 경로당에서는 물주전자나 들고 다닌다는 말이 공공연하다. 65세면 지하철을 공짜로 탄다고 해서 붙여진 '지공선사'도 늦추어야 된다고 언론에서 말들을 흘리고 있다. 베이비부머들은 이래저래 슬픈 인생의 경쟁 속에 다시 내던져진 것 같다.

원래 정년이란 경제활동이 가능할 동안 안정적인 직장생활을 보장해 준다는 의미에서 시행된 것이다. 그래서 경찰이나 군인과 같이 계급정년이 있는 곳이 아니면 대체로 58세나 60세로 정해놓고 있다. 물론 현재는 모두 60세로 조정된 것으로 알고 있다. 하지만 이것은 100여 년 전, 사회복지제도가 본격화되던 때, 서구에서 시작되었다. 우리나라도 경제성장이 본격화됨에 따라 정년제도가 확산되기 시작하였고, 지금은 사회 곳곳에서 정착되어 가고 있다. 하지만 백여 년 전만하여도 수명이 그렇게 높지 않았다. 서구에서도 평균수명이 기껏해야 70여세 정도였고, 우리나라는 50세를 조금 넘긴 정도였다. 그 당시 60세라는 것은 대단히 오랫동안 직장을 안정적으로 보장해준다는 의미였다. 그래서 정년이란 것이 사회복지차원에서 시작된 것이라 할 수 있지만, 지금 상황에서는 정년이라는 틀 때문에 오히려 사회복지에 역행하는 것은 아닌가하는 생각이 든다. 즉 당시의 직장은 대부분이 육체노동에 의존하는 것이 일반적이었다. 직접 육체적 노동을 하지 않는 사무직이라 하더라도 손으로 직접 쓰고, 계산하는 것이 주 업무였다. 육체적 근력뿐 아니라 민첩성, 시구력 등은 60세가 정점이라고 볼 수 있었다. 그렇기 때문에 60세를 정년으로 하였고, 대체로 정년 전에 사망하거나 정년을 넘겼다하더라도 10여년 정도 여생을 보내는 정도였다. 그런 점에서 60세 정년은 매우 타당했다고 볼 수 있다.

하지만 지금은 상황이 완전히 바뀌었다. 그야말로 백세 시대 아닌가? 아니 지금의 젊은이를 기준으로 한다면 백 이십 세 시대가 바야흐로 펼쳐지고 있다. 의료보험, 실손 보험으로 인해 의료의 양은 더욱 폭넓게 공급되고 있고, 우수한 인력의 의대 진학과 바이오벤처의 성행으로 의료의 질적 수준도 날로 높아지고 있다. 또 경제 발전의 결과 흘러넘치는 영양 충만한 식재료와 건강에 대한 높은 관심으로 세계에서 가장 빠른 속도로 노령화가 진행되고 있다. 이런 시점에서 백세 시대는 너무나 당연하게 다가온다. 또 직장 생활의 모습은 어떤가? 육체노동의 대명사인 공장의 경우 온갖 산업 로봇으로 인해 자동화가 진행된 것이 어제 오늘 일이 아니다. 눈부신 인공지능(AI)의 개발은 이제 산업 현장에서 인간을 거의 대체하고 있다. 이제 근력으로 일하는 시대는 지났다. 이는 농업이나 건설 현장이라 해서 다를 바 없다. 사무직은 또 어떤가? 컴퓨터의 보급은 손으로 필기할 일이 거의 없어졌다. 종이가 없는 사무실이란 구호가 이미 수십 년 전에 유행하지 않았던가? 치밀한 계산과 판단력? 인공지능의 개발로 가장 먼저 없어질 직종이 세무회계업무와 법률 서비스 업무라고 하지 않는가? 결국 요약하면 이제는 60이란 숫자는 그야말로 숫자에 불과하다는 이야기이다. 오히려 일에 임하는 시니어들의 경험에 기초한 판단력이 노동의 가장 중요한 덕목의 하나인 시대가 도래 하고 있다. 이런 점에서 60 정년이란 정말 무의미한 일이다. 아니 오히려 사회복지에 역행하는 일이 되고 있다. 서구에서는 이를 감안하여 65세 정년으로 바뀐 지 오래이며, 일부에서는 70까지 늘일 것도 고려하고 있다고 한다. 바야흐로 장로(長老)의 시대가 도래 하고 있다. 경험과 지혜를 바탕으로 한 판단력이 중요한 시대인 것이다.

인류 문화는 극소수의 천재에 의해 바뀌어왔다고 흔히 알고 있다. 하지만 그 말이 반드시 옳은 것은 아니다. 일부 천재의 반짝이는 머릿속에서 발전해 온 것이 적지는 않지만, 어느 시대, 어느 사회에서나 삶을 통찰한 중년 이후의 시기에 빛을 발하는 경우도 많았다. 그 대표적 인물이 바로 공자다. 흔히 공자는 15세에 '학문에 뜻을 두었다'고 했고, 나이 사십에 세상일에 미혹함이 없다고 했다(不惑). 또 나이 50이 되어서 비로소 세상 이치를 깨달았다고 하였는데(知天命), 그는 평생 뜻을 펼치기 위해 세상을 주유하였으나 경륜을 펼칠 수 없었다. 결국 나이 50이 넘어서 조그마한 자리를 하나 얻었으나 평생을 찾아 헤매던 천하를 도모하는 일에는 턱없이 모자랐다. 하지만 그것보다 그 이후 학문적 성취가 동양철학을 대표하는 완성도로 나타났으니 중년 이후의 삶에 귀감이 되지 않을 수 없다. 공자 이외에도 중년 이후에 삶을 꽃피운 사람은 의외로 많다. 이를 흔히 대기만성이라고 하는데, 정치가나 사업가에 많이 나타난다.

중년 이후에 어떤 일이 계기가 되어 새로운 전기를 맞이하는 사람들도 많다. 평생의 분야를 벗어나서 새로운 업적을 쌓는 경우가 있는데, 그 대표적인 인물이 사기를 지은 사마천이다. 사마천은 중년 이후 모함을 받아 궁형을 받았으나 삶을 비관하지 않고, 역사에 빛나는 사기를 편찬하게 되었다. 또 중국 송나라시대 사마광 역시 중년 이후 역경을 딛고 천하의 명역사서인 자치통감을 남겼다. 중년 이후에 평생의 업적이 나타나는 것은 정치가와 사상가들에 특히 많다. 평생 소신을 굽히지 않고 정치적 박해나 망명 생활을 하다 말년에 정치적 업적을 남긴 사례는 혁명가들에게는 흔하게 볼 수 있는 일이다.

요즘 한 노철학가의 책이 유행이다. 1970년대 우리나라 3대 대중철학가의 한분이셨던 김형석 교수의 '백년을 살아보니'이다. 1920년생이시니 올해로 만97세의 고령이시지만 그 삶의 연륜을 보아 이 책을 만드신 것이다. 김교수님은 백세 가까이 살아보니 인생에서 가장 빛나는 황금기는 60에서 75세까지라고 하셨다. 삶을 통찰하고 관조할 수 있는 나이가 바로 이 나이대인 것이다. 1920년생이 이렇게 이야기하시는데, 베이비부머들은 거기에 최소한 5살은 더 얹어 80세까지라고 봐야 하지 않을까?

실제로 세계 경제를 주도하고 있는 OECD에서 인간의 시대구분을 새로이 했다는 소식이 있다. 15세까지를 소년, 15세부터 무려 65세까지를 청년, 66세부터 80세까지를 중년으로 규정지었다고 한다. 노년은 81세 이후라고 했으니 여태 주저리주저리 떠들었던 필자의 이야기를 명쾌하게 정리한 것 같다. 즉 15세부터 65세까지는 가장 활발한 육체적, 정신적 활동을 하는 시기로서 물이 끓고 있는 시기라는 것이다. 65세부터 80세까지가 비로소 중년이니 뜨거운 온수가 지속되고 있는 시기, 바로 삶의 황금기인 것이다. 80세 이후가 되어야 비로소 삶의 휴식기인 노년기가 된다.

청년은 질풍노도의 시기. 좌충우돌할 시기이다. 아직 정형화된 삶의 모습을 갖추지 못하였기 때문에 온갖 실험을 하는 시기이다. 그러기 때문에 65세가 되지 못한 청년들이여. 모든 일에 적극적으로 도전할 지어다. 국민연금이니 지하철 공짜에 목매달지 말고 아직 삶을 배우는 단계라고 생각하고 모든 일에 적극적이어야 할 것이다. 삶의 완성과 황금기는 65세 이후에 나타나는 것이니 그 때까지 쉼 없이 달려야 할 것이다. 한 두 번의 실패에 좌절할 필요도 없다. 어차피 청년 시기는 시행착오의 시기이니 한번 넘어지면 다시 새로운 일에 도전하면 된다. 과거 산업화의 시대에는 짧은 수명과 정보의 부재로 인해 한번 시기를 놓치면 인생을 되돌릴 수 없었지만, 이제는 상황이 다르다. 육체적 수명도 백세시대가 되었고, 세상은 이미 정보화의 시대가 된지 오래다. 알려고 하면 얼마든지 알 수 있다. 관심을 가지면 어떤 일이든 도전할 수 있다. 90세에 시집을 발간하고, 80세에 에베레스트에 도전하는 시대이다. 그렇기 때문에 베이비부머들이여! 그대들은 아직 청년임을 깨달을지어다. 이런 점에서 이제 우리의 인식은 반드시 바꾸어야 한다. 어디 우리의 인식

뿐인가? 사회적 제도와 틀도 과감하게 바꾸어야 할 것이다.

정년퇴직을 하였다. 여태까지의 논리대로라면 필자는 아직 청년이다. 그런데도 사회제도에 의해 일할 수 없는 노년으로 분류되어 회사에서 내쳐졌다. 그동안 수고했으니 편안히 쉬라는 의미이다. 그런데 과연 편안히 쉴 수가 있는가? 알량한 국민연금은 2년이나 유예되어 내년 말이나 되어야 나온단다. 벌써 두 달 가까이 한 푼 수입 없이 생활하고 있다. 이러니 편안히 쉴 수가 있는가? 필자의 논리대로라면 청년시기가 아직 5년이나 남았다. 아직 질풍노도의 시기가 5년이나 남은 것이다. 그러니 일과 취미, 사랑과 연애, 모든 면에서 새로움에 도전해야 한다. 과거는 잊어야 한다. 그동안 내가 했던 일에 연연하면 이미 청년이 아니다. 좌충우돌해도 되는 시기이다. 적어도 65세 이후, 인생의 황금기를 누리기 위해서는 지금 다소 곤고하더라도 열심히 노력해야 할 시기이다. 새로운 기술도 배우고, 새로운 사람들과의 만남도 가지고, 새로운 정보도 받아들여야 한다. 결코 뒷방 늙은이가 되어서는 안 된다. 어영부영하다보면 5년이 흘러가 버린다. 삶을 그렇게 덧없이 보내서는 안 된다. 열정을 가지고 뛰어야 한다. 포레스트 검프처럼 무작정 뛰어야 한다. 지금 그렇게 하지 않으면 백세시대, 나머지시기를 어떻게 보낼 것인가? 그야말로 잉여인간으로 살 수는 없지 않은가.

이런 의미에서 오늘 저녁에도 나를 위해 건배를 들자. 아무도 없는 작은 방에서 순전히 나를 위해 건배! 나의 새로운 청춘을 위해 건배! 5년 뒤에 다가올 나의 황금기를 위해 건배!

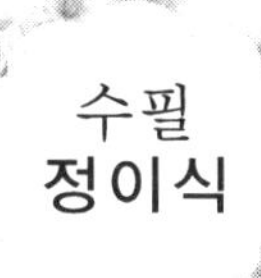
수필
정이식

달걀프라이에 얹힌 행복

"우짠 일이야? 달걀프라이가 다 뜨고?"

달걀 값이 오르며 우리 집 식탁에서 달걀프라이가 사라졌다. 그런 프라이가 뜬금없이 아침상에 올라왔다. 이유는 따로 있었다. 서울에서 직장 다니는 아들 녀석인 웅이 탓이다. 웅이는 달걀프라이를 좋아한다. 식성을 잘 아는 아내는 웅이만 뜨면 밥상에 달걀프라이를 올린다. 사실 나도 잘 먹는다만, 내 입맛을 무시당한 기분이 든다.

냉장고 문만 열면 보이는 달걀을 직접 프라이 해 먹어도 되지만 거짓말 같게도 나는 달걀프라이를 만들지 못한다. 몇 번이나 도전했지만 언제나 죽탕이다. 그래서 노른자의 원형을 보존하며 흰자로 돌돌 말은 달걀프라이를 제대로 만들어 보고픈 것이 내 꿈이다. 어느 홈쇼핑에 달걀만 깨어 놓으면 자동으로 프라이 되는 팬을 보았을 때 사고픈 강한 충동을 느끼기도 했다.

나는 반찬 투정을 할 줄 모른다. 가난한 집안에서 태어나, 밥숟가락을 들 때부터 어머니에게 엄한 밥상머리 교육을 받았다. 남자는 반찬 투정 하면 안 된다고, 먹을 것이 부족했던 그 시절엔 먹고 싶은 것이 엄청 많았다. 어머니는 미리 방지를 하고자 말귀를 알아듣

- 1954년 경남 산청 출생.
- 문학사랑 신인작품상. 경남신문 신춘문예 동화 당선.
  한국인터넷문학상. 근로자문학제수필 은상.
  글동네 2002문학상 대상. 샘터작가상 수상
- 한국문인협회. 경남아동문학회. 한밭아동문학회.
- 대한사이버문학회 동인, 진주 하대동거주.
- Tel : 010-4800-1623 / E-mail : cis1623@hanmail.net

는 나이가 되면 남자란 이유를 들어 밥상머리 투정을 못 하게 했다. 이를 어기면 어머니는 큰 벌을 내렸다. 이게 습관이 되어 지금도 어떤 남자가 찬 투정을 하면 나는 그를 아주 어리석은 사람으로 치부한다. 말하자면 아내가 해주는 데로 군말 없이 잘 먹는다는 뜻이다. 그래서 달걀프라이가 먹고 싶어도 아내에게 해주라고 말하지 않는다. 그런데 아들 녀석 웅이는 나와는 다르다. 어머니처럼 나도 웅이가 어릴 적부터 남자는 밥상머리에서 찬 투정을 하는 게 아니라고 귀에 못이 박이도록 말해왔다. 이게 말짱 도루묵이 되었다. 웅이는 당돌하게도 먹고픈 것이 있으면 서슴없이 제 엄마에게 요구하고 맛없으면 사정없이 비평도 한다. 그렇다고 웅이의 투정을 내 어머니처럼 엄하게 다스리지 않는다. 이유가 있다. 웅이는 고등학교 때에만 집에 있고 나머지 10년 이상을 서울에서 자취했다. 이러니 웅이가 집에 오면 아내는 무엇을 해줄까? 귀빈 대접을 하며 부산을 떤다.

달걀프라이 생각하니 짠한 기억이 되살아난다. 웅이가 입대하던 날이었다. 모처럼 우리 네 식구가 아침상에 둘러앉았다. 웅이가 세면장에서 나오기 전에 밥상이 먼저 차려졌다. 그날따라 왜인지 노른자가 살아있는 달걀프라이가 내 눈에 번쩍 뜨였다. 별생각은 없었다. 달걀프라이가 내 목구멍을 넘어가기도 전에 빈 접시를 발견한 아내의 날벼락이 떨어졌다.

"아니? 먹을 것 천지 삐까리구먼. 프라이는 왜 먹노?"

아들만 챙기는 아내에게 슬그머니 화가 났다.

"그깟 프라이 하나 더 만들면 되지. 누구 입은 입도 아닌감?"

"아이가 먹고 싶다고 하잖아. 달걀이 한 개뿐인데, 언제 가게 가서 사 온다 말이고?"

밥상머리가 갑자기 싸늘해졌다. 누나인 딸아이도 엄마와 아빠 눈치만 보고 있었다. 부끄럽기도 하여 나는 살며시 빈 접시를 상 밑으로 내려놓았다. 세면장에서 나온 웅이는 수건을 목에 건 채로 밥상 앞에 앉았다. 두리번거리더니 젓가락을 든 채로 말했다.

"엄마. 프라이는?"

아내의 싸늘한 눈길이 내게로 향했다. 좀 쑥스럽기도 하고 뭐라 말은 해야 하는데 하면서도 머뭇거리자 딸아이의 웃음이 폭발했다.

"푸하하하. 웅아. 니 프라이 아빠가 뚱치 묵었다."

그제야 아내와 나도 같이 웃음을 터트렸다. 이유를 모르고 멀뚱거리는 녀석 보라고 나는 슬그머니 밥상 아래의 빈 접시를 상위에 올려놓았다.

"그래. 웅아. 아빠가 모르고 네 프라이를 다 먹었네. 너 첫 휴가 나오면 달걀 한판 사서 우리 프라이해서 배터지게 먹어보자. 하하하"

나는 잊지 않고 있다가 웅이가 첫 휴가를 나왔을 때 달걀 한판을 사서 프라이를 원도 없이 해 먹였다. 물론 프라이는 엉망진창으로 만들어졌지만.

달걀은 보통 계란이라 부른다. 같은 이름이지만 한자어인 계란보다 나는 닭의 알. 닭 알. 이 말이 변형된 순우리말인 달걀이라 부르기를 좋아한다. 프라이도 마찬가지다. 이 글을 쓰기 전에는 후라이가 표준어인지 알았었다. 웅이 때문에 많은 것을 배운다. 달걀 가격이 많이 올랐다는 사실도 이제 알았다. 남자들 경제 신경에 무딘 탓이다. 원래 조류독감의 영향으로 달걀 파동이 일기 전에는 한판에 4천 원 정도 하였다고 한다. 만원이면 너무 올랐다. 그래도 일반 가정집 냉장고를 열면 달걀은 다 있다. 값이 비싸도 달걀프라이 생각나면 언제든지 해 먹을 수 있다는 이야기다.

아주 먼 옛날의 달걀은 금싸라기 값과도 같았다. 1968년. 서울 최고의 슈퍼 개업식 날에 달걀이 등장한다. 당시 유명 코미디언 서영춘과 백금녀가 입장하는 고객에게 달걀 한 개씩을 주었다. 이 달걀을 받으려고 몰려온 사람들로 시내가 마비될 지경이었다. 그해 10월에 박정희 대통령이 코 수술을 받기 위해 서울대병원에 3일간 입원한 일이 있었다. 대통령이 퇴원하던 날, 한 여성이 달걀 두 꾸러미(20개)를 들고 찾아와 대통령께 전해 달라고 부탁하였다. 달걀 20알의 선물, 그것도 대통령에게. 지금의 잣대로는 이해되지 않는 상식이다.

1971년 인걸로 기억한다. 나는 당주동 사직공원 입구의 5층짜리 학원에서 일과 공부를 병행하고 있었다. 자취하였기에 쌀을 사다가 지하 보일러실에서 석유풍로로 밥을 지었다. 찬도 없이 간장에 밥을 비벼 먹는 나를 학원 원장이 보았다. 측은감이 들었던지 자신에게 선물로 들어온 달걀 한 꾸러미를 내주었다. 그 달걀, 다 먹을 때까지 나의 식사는 호강했다. 뜨거운 밥에 마가린과 달걀을 비벼 먹으며 흐뭇해하던. 지금 생각해도 입맛이 당긴다.

그건 그렇고. 아들 녀석 웅이는 아침밥상에서 달걀프라이만 해치우곤 자리를 떴다. 나이가 서른둘이건만 장가갈 생각은 안 하고 집에만 오면 친구부터 찾는다. 아내도 바쁘다며 밥상도 치우지 않고 직장으로 나간다. 추락사고로 몸을 다쳐 요양 중이라 치우기는 결국 내 몫이다. 프라이 담았던 접시를 치우려다 흘려진 노른자를 숟가락으로 긁어 먹어본다. 달싹한 맛이 먹고픈 욕구를 부채질한다. 빈 입술을 핥으며 냉장고 문을 열어 달걀을 꺼낸다. 이번엔 진짜 달걀프라이 만들어보리라 다짐하지만, 결과는 언제나 똑같을 것이다.

(이 글 쓰고 두 달 뒤, 아들 녀석 웅이는 여자 친구를 데려와 인사시켰다. 그리고 상견례를 하고, 사성을 보내고. 드디어 2018년 5월 19일. 내 아들 웅이는 달걀프라이를 평생 만들어줄 반려자를 맞는다.)

뇌가 거짓말을 한다

"폰을 놓아두고 왔다. 차 좀 돌려라."

장례식장에 가며 내 차를 가져갔다. 네 명의 친구를 태우고. 돌아오는 길에 한 친구가 폰을 두고 왔다고 한다. 차를 돌려서 다시 갔으나 폰은 어디에도 없었다. 혹시나 가져오지 않았냐고 물어보았으나 친구는 술을 먹으며 폰의 전원을 껐다고 하였다. 그걸 보았다는 증인이 있어서 넷이서 온 장례식장을 헤집었지만 결국 폰을 못 찾고 우리는 돌아섰다. 이튿날, 혹시나 폰이 돌아왔나 궁금하여 친구에게 전화를 넣었다. 뜻밖에도 친구가 폰으로 전화를 받았다.

"폰이 집에 있더라. 하하."

"이런? 정신을 어디 두고, 그렇게 생각이 안 나?"

"전혀. 아직도 장례식장에서 폰 만지던 생각만 나는 걸?"

친구의 뇌가 거짓말을 하였다. '우리의 뇌는 가끔이지만 거짓말을 한다.' 뇌의 저자인 베르나르 베르베르의 말이다. 돌이켜보면 내가 분명 보았다고 작정하는 일들이 사실이 아닐 수도 있음을 우리는 흔히 겪는다. 나도 베르베르의 저서인 뇌를 읽기 전에는 나의 뇌가 거짓말을 한다는 사실을 깨닫지 못했다. 거짓을 사실로 위장하는 기술을 가진 작가들에게 이런 현상은 더 잘 일어난다니 쏙. 나를 두고 하는 말 같더만. 친구의 경우를 보니 우리 모두에게 해당되는 말인가 보다.

대만여행을 갔을 때였다. 자유여행이어서 인터넷으로 예약한 교포가 운영하는 택시를 빌려서 관광 다녔다. 진과스를 가기 위해 잠시 들른 관광지에서였다. 옛날 금광이 있어서 흐르는 물이 전부 금색이라는, 이곳에서 14세 때 대만으로 이주하여 한국 관광객을 상대로 택시 영업을 하는 빛나리 택시 기사와 사진을 찍었다.

대만은 불교 기독교 이슬람교 등의 종교가 아닌 대부분이 자신의 조상을 신으로 받든다. 일본의 영향을 받아서인데 개중엔 삼국지에 나오는 관우를 믿는 사원도 있다. 금광이 있는 진과수로 가는 길에 커다란 관우 상이 보여서 그곳에 잠시 들르기로 하였다. 택시에서 내려 사진을 찍으려니 주머니에 있어야 할 폰이 없었다. 생각하니 택시 안에서 손에 들고 있었던 기억이 났다. 그냥 사원만 둘러보고 돌아왔는데 이런? 내 자리에 있어야 할 폰이 안 보였다. 아무리 생각해도 분명 폰을 손에 들고 있었는데. 당연히 좌석에 있어야 하는데. 영특한 택시 기사는 앞에서 흘렸을 것이라며 차를 돌렸다. 시간은 30분 정도 흘렀고. 그곳은 머무는 자리가 아니고 지나며 사진만 찍고 떠나는 자리다. 한국을 생각하니 폰은 이미 남의 손에 들어갔다. 아무리 전화해도 받지 않았다. 실수는 또, 폰을 진동으로 해놓았다는 것.

"대만은 일본의 문물을 따르기에 질서 잘 지키고 범죄는 거의 없어요. 아무리 비싼 물건도 흘리면 그 자리에 그냥 놓아둡니다."

기사는 수도 없이 대만인의 예절에 흠결이 없음을 자랑했었다. 그건 나도 인정한다. 공항에서 숙소를 찾아 왔을 때가 새벽 한 시가 넘었다. 밤거리도 구경할 겸 혹시나 해서 아들 웅이를 앞세우고 마트에 가서 맥주를 사 오려 뒷골목으로 나갔다. 한국이라면 그 시간의 번화가 뒷골목엔 우리 같은 순진한 인간은 발 들이기가 쉽지 않다. 취객과 불량한 젊은이와 뒷골목을 누비는 무법자들 세상이기 때문이다. 대만은 아니었다. 잘 주차된 오토바이와 자동차. 그리고 휴지 한 장 버려지지 않은 깨끗한 길에 젊은 남녀는 산책하듯 걷고 있었다. 젊은이들이 배낭 여행지로 대만을 제일로 손꼽는 이유가 여기 있었다.

그래도 그렇지. 손에 든 폰도 낚아채가는 우리나라완 다르다 해도, 길에 떨어진, 그것도 산 지 석 달도 안 된 새 폰이 거기에 있을

리가 있나. 또 아무리 내가 나이가 들었다 해도 좀 전의 택시 안에서 만지작거리던 폰의 기억이 틀릴 이유는 없는데. 긴가민가하면서 머리 아프게 많은 생각을 하는 사이에 택시는 오던 길을 달려갔다. 10 여분을 달려 원래의 자리에 도착했는데 우리 택시가 섰던 자리엔 다른 차들이 빼곡히 들어서 있었다. 기사는 황급히 내리며 다리 난간을 둘러보았다.

"여기 있네요."

아! 내가 섰던 자리는 아니지만, 다리 넓은 난간 위에 눈에 잘 뜨이도록 내 폰이 놓여 있었다. 기억은 안 나지만 저 자리서 택시기사와 같이 사신을 찍고 주머니에 넣는다는 것이 길에 흘려졌나 보다. 그걸 누군가가 주워서 잘 보이는 다리 난간에 올려놓았고, 수많은 사람이 스쳐 가면서도 가져가지 않은 것이렸다. 여기서 나는, 대만의 정직성을 이야기하려 함이 아니다. 어째서 이곳에다 폰을 두고 갔으면서 그 잘난 머리는 거짓 기억만 재생하고 있는 것일까? 아무리 머리를 쥐 짜도 그 자리에 폰을 흘렸다는 생각은 안 뜨는데. 오히려 관우를 만나러 올라가는 차 안에서 밖의 풍경을 찍으려고 폰을 차창에 들이댔다는 거짓 기억만 도드라지게 올라오니 정말 환장할 일이었다. 젊을 적의 뇌는 그래도 기억의 정확성을 지녔을 것이련만 폰을 집에 두고 왔으면서도 술자리에 놓아두고 왔다고 우기는 그 친구의 뇌나, 나의 뇌나, 거짓말 선수로는 1등 감 아닐까?

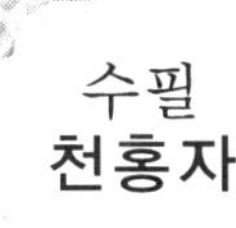

수필
천홍자

감기

호시탐탐 나를 노리는 감기는 늘 주변에 서성거린다. 비염 때문에 조금이라도 피곤하거나 면역력이 떨어지게 되면 너 잘 만났다 하고 달라붙는 통에 감기가 호랑이보다 더 무서워졌다. 감기가 만병의 근원이라 우습게보면 큰코다친다는 말을 늘 들어왔지만, 지금껏 잘 지나갔고 견뎌 왔기에 매번 우습게 생각했던 것도 사실이다. 올겨울 들어서 거의 한 달을 감기에 시달리고 보니 감기가 생명까지 위협할 수 있다는 생각에 정신이 번쩍 든다. 작년까지만 해도 이렇게 허약하지는 않았는데, 부쩍 나이 들어 보이는 모습 하며 체력이 떨어진 걸 느낀다. 보약을 먹어라. 영양제를 먹어라. 주변에서 권하는 약은 왜 그리 많은지 뭘 먹어야 효과가 있고 잘 맞을지 확신도 서지 않고 아직 버틸 힘도 남아있으니 그냥 무시하고 말았는데 당장 누울 병 아니라고 무시했다간 큰코다칠 건 불 보듯 뻔한 일이다. 티브이 채널을 돌리다가 홈쇼핑 건강보조식품. 광고가 나오면 넋이 나가기도 하고 살까 말까 망설이다가 아까운 시간을 낭비하기도 여러 번이다

감기는 우리 인생과 참 많이 닮았다. 수없이 많은 고비가 찾아왔

• 1959 경북 봉화 출생
• 2008년 문학사랑 수필부문 신인 문학상 수상
• 2009년 '휴먼 메신저' 봄호 시 부문 신인상 수상
• 대한사이버문학 동인
• E-mail : kr6815@hanmail.net

지만, 다 지나갔고 또 극복해냈다. 살다 보면 본의 아니게 감기 같은 불청객을 맞이해야할 때가 너무 많기에 피하기보다는 극복하는데 익숙해졌다. 순간순간 건강의 소중함을 느낄 때마다 불투명한 미래에 대비해서 이것저것 보험도 들어놓고 나름대로 신경은 썼지만, 내 몸을 어떻게 관리해야 좋은 선택인지 보따리장수처럼 하루에도 수십 번 근심 걱정을 쌌다 풀었다 머릿속이 복잡하다. 누구나 조금씩은 고민거리를 안고 살아가지만, 시간적 금전적 여유가 적은 사람은 그 고민이 두 배로 크기 마련이다.

100세 시대에 사는 현대인들은 늘어난 수명만큼이나 걱정이 많아졌다. 일손을 놓고도 3, 40년 이상의 노년기를 아프지 않고 살아갈 수 있을까 하는 염려증까지, 육체의 병, 마음의 병까지 이중고에 시달린다. 나이라는 숫자를 떠나서 누구나 아프면서 성장하고 성숙해진다.

마음이 아프든 몸이 아프든 누워 있지 않고 가족들한테 피해 주지 않고 스스로 책임질 수 있는 아픔이라면 건강한 아픔이라고 생각한다. 감기나 배탈 두통 같은 잔병은 죽을 때까지 같이 가야 할 동반자다. 같이 갈 준비를 하는 수밖에 없다.

"살려면 밥을 먹어야 혀"

"밥 안 먹으면 죽어"

그 말씀을 하루에도 몇 번을 되풀이하시는데 저절로 고개가 끄덕여졌다. 바쁜 현대인들은 밥 한 끼 잘 먹는 것이 일하기보다 더 어렵다. 다양한 먹거리와 불규칙한 식습관, 과로 때문에 의식주에도 많은 변화가 왔고 그 변화를 좇아가다가 건강한 길을 잃어버렸다. 허기를 면하기 위해 빵 한 조각에 하루를 기대기도 하고, 라면 한 봉지로 끼니를 때우는 날이 허다하다. 때우기 식습관이 얼마나 위험하고 건강을 해치는 일인지 잘 알면서도 매번 되풀이하고 있다. 설마 설마 하다가 때를 놓쳐 생명을 잃는 사람들을 보면서도 이 또

한 지나가리라, 그 믿음에 기대는 것이 얼마나 위험한 일인지 잘 알면서도 실천하기 어렵다.

돈을 잃으면 조금 잃는 것이고 건강을 잃으면 다 잃는다는 명언을 다시 한 번 되새기며 뭐니뭐니 해도 건강이 최고라는 것을 명심하고 또 명심해야 할 시점이 바로 지금인 것 같다. 전에는 과일 사 먹는 것도 아깝고 낭비라는 생각을 했었는데 요즘은 먹기 싫은 과일도 떨어지지 않게 사놓는다. 물먹는 걸 싫어하니 과일이라도 먹어서 수분을 채워줘야 할 것 같아서다.

병원에 가면 의사가 가장 많이 하는 말이 물을 많이 먹으라다. 몸에 수분이 부족하니 건조하고 가렵고 마른기침도 나고 미세먼지까지 겹치니 목이 아프다. 올겨울 또 한 번의 독감이 거의 한 달 동안 내 몸을 휘감고 지나갔다. 지독한 감기를 이겨내고 나면 아직도 세상과 싸울 힘이 남아 있구나 하는 묘한 승리의 쾌감을 느낀다. 산다는 건 자신만의 파도와 바람을 이겨내는 일, 감기가 준 교훈이기도 하다.

못 잊어

못 잊어 생각이 나겠지요. 그런대로 한세상 지내시구려. 라디오에서 모처럼 옛 노래를 듣는다. 나도 나이가 듦인지 지나간 노래는 다 구수하게 들린다. 소월의 시 못 잊어는 노래로 불린지 오래되었다. 당연히 가요무대에서 나올 만하다. '저 노래를 애창곡으로 바꿀까?' 새벽길 노래를 부르지 말라는 딸애의 나무람이 갑자기 귀에 쟁쟁거림으로 울려온다.

유달리 노래방 갈 기회가 많은 올해다. 회갑연이 끼인 탓도 있지만, 모임에 가능하면 빠지지 않으려는 내 노력 탓이 더 크다. 슬픈 이야기지만, 노래방을 다니기 전에는 노래를 부른 기억이 거의 없다. 학창시절에도 입을 꾹. 다물기로 유명한 나였다. 그래서 친구들은 내가 음치라며 어느 자리에서건 노래를 시키지 않았다. 청춘에 흥미를 느끼지 못함도 이유지만 사는 데에 별스러운 재미를 느끼지 못해서였다. 그때를 돌아보면 내가 무엇을 했는지 아무런 느낌이 없다. 그러다 노래방 시대를 맞았다. 나이도 중년에 접어들며 이젠 세상사는 재미를 찾아야겠다는 생각이 깊어졌다. 하지만 막상 노래하려니 마음 내키는 곡이 없었다. 그러다 생각해 낸 노래가 새벽길이었다. 울어라 열풍과 같이 나는 노래방만 가면 이 노래를 불렀다.

• 1058년 경남 합천에서 출생
• 현재 대구 달성 거주
• 계간지 분학사랑 수필 부문 신인상 당선
• 대한사이버문학 동인
• E-mail : tjswn112@hanmail.net

안개 깊은 새벽길. 노래 끝마디쯤엔 언제나 내겐 눈물이 흘렀다. 아버지 때문이다. 아버지는 술만 취하면 새벽길을 불렀다. 울어라 열풍도 가끔 불렀지만 내 기억에는 안개 짙은 새벽길. 끝 부분만 남아 있다. 헐벗고 굶주리던 시절이었다. 하지만 그때의 나는 못 먹고 못 입고 지냄에 하등 부끄럽다거나 억울하다는 생각을 안 했다. 지금도 마찬가지다. 다들 그렇게 살았기 때문이다. 아버지는 아니다. 배불리 못 먹이고 따뜻이 못 입히는, 스스로 죄라 여기며 술만 마시면 쓰라린 마음을 노래로 대신하였다. 울면서 돌아서는 안개 짙은 새벽길. 노래의 가사처럼 도망치듯 새벽에 고향을 떠나오며 돌아보고 또 돌아보던 아버지의 눈에 곱한 눈물의 의미를 아버지의 나이쯤이 되어서야 나는 알았다. 노래방에 다니며 새벽길 노래를 부르면서다. 집에서도 가끔 흥얼거리는 이 노래를 딸아이는 싫어한다. 궁상맞은 노래라며 당장 갈아치우라고 한다. 뭔 노래가 좋나? 그러다 여태 옳은 노래 하나 장만하지 못했다.

'못 잊어 생각이 나겠지요. 그런대로 한세상 지내시구려.' 뜻밖의 행운이다. 못 잊어 노래의 기억이 되살아났다. 언제였던가? 처녀 적 12인치 흑백텔레비전 앞에 여덟 식구가 올망졸망 모여 보던 드라마가 있었다. 김민자 주연의 "생명"이란 드라마다. 그때엔 주제곡이란 노래가 있어서 드라마 시작 전에 노래가 나왔다. 생명의 주제곡이 '못 잊어'였다. 시한부 인생을 사는 김민자의 슬픈 행적에 온 식구가 눈물을 흘렸다. 옳은 시 한 편 제대로 외우지 못하는 내게 못 잊어는 드라마 주제곡으로 인하여 전편을 외우고 있는 유일한 시가 되었다. 그 추억을 다시금 살려주는 사건이 일어났다. 살며 누구에게도 책 한 권 선물하거나 받아본 적이 없는 나다. 그런 나에게 대한사이버문학이 구세주처럼 등장했다. 거기서 글을 쓰고 또 책을 내고. 그 책을 주변에 선물하였다. 삶의 한 갑자를 돌아 맞이한 생일날에 나는 아주 특별한 선물을 받았다. 소월의 시집이다. 시집을 처음 받은 것은 아니다. 대한사이버문학 회원님들의 시집을 여러 번 받은 터다. 그리고 문학회원님으로부터도 여러 권의 시집을 받았다. 자신의 시집이 아니라서 내가 독특하다 여기는 것이다. 그가 왜 내게 소월시집을 주었는지 그 이유나 목적에 대해선 묻거나 생각하지 않았다. 내가 누구에겐가 책을 주었듯이 그도 그냥 소월시집을 주었을 것이라 굳이 그렇게 생각했다. 시집을 받던 날 무작정 책장을 넘기다 눈길을 잡아끈 것이 못 잊어서였다. 아마 오래전 보던 드라마가 머릿속에 담겨있어서 일 것이다. 못 잊어 생각이 나겠지요. 그런대로 한세상 지내시구려. 못 잊어도 잊힐 날 있으리라. 사람들은 인제나 잊을 수 없는 사람을 잊으라고 한다. 어디 그게 쉬운 일일까? 살다 보면 잊히겠지. 그럴까? 하지만 나 또한 잘 안다. 잊을 수 없는, 특히나 사람은, 절대로 잊히지 않을 것이란 사실을. 대한사이버문학과 내게 시집과 소설집을 선물해주신. 그리고 소월의 시집을 주신. 모든 님들께 어떤 보답을 나는 드려야 할지. 이 또한 잊히지 않을 숙제다.

이제, 송년회장에서 부를 내 애창곡은 정해졌다. 연습할 일만 남았다. 하지만 나는 잘 안다. 딸애는 제 엄마가 이 노래를 흥얼거리면 또 난리 칠 것을.

"엄마. 그런 노래밖엔 몰라? 늙은이 다 되었네."

발이 편해야 마음도 편하다

"엄마. 뭔 고민이 있수?"

느닷없는 큰 딸애의 질문에 나쁜 짓 하다 들킨 아이처럼 내 어깨는 한없이 쪼그라들었다. 쿵쾅거리는 가슴을 겨우 진정하고 돌아섰다.

"고민은 무슨."

말꼬리가 사라지기도 전에 잰걸음으로 다가온 딸애는 눈이 마주칠 정도로 얼굴을 들이밀었다.

"말해. 내가 해결해 줄게."

살며 혼자 가슴앓이해온 것이 어디 한두 번일까? 그래도 큰애는 맏이라고 언제나 내 심중을 헤아려 주었다. 며칠째 멍하니 밖을 바라보는 내 행동을 주의 깊게 보았나 보다. 그잖아도 딸애와는 논의하고 싶었다. 고민까지는 아니지만, 가슴에 묵직한 돌 하나를 얹혀놓고 지내서다. 원인은 신발 때문이다. 삶 자체도 버거운데 겨우 신발 가지고 속을 썩인다면 아직은 젊고 팔팔한 기운이 왕성한 딸애가 엄마의 좁은 마음을 이해해 줄까? 반문을 가지며 고해성사하듯 딸애에게 감추어진 속마음을 털어놓았다.

우연인지 필연인지 라디오방송국에 보낸 원고가 채택되어 방송을 탔다. 부상으로 30만 원짜리 구두상품권을 받았다. 판매처에 문의하니 유효기간이 없다하여 3년째 방치하고 있는 물건 표였다. 사실이지 나는 신발에는 그다지 관심을 안 가지고 살아왔다. 그저 낡아 떨어지지만 않으면 된다는 간단한 논리만 가지고 있었다. 신발과 양말은 발을 보호하는 목적에 있지만 발은 양말이 감싸주어서 신발은 그저 닥치는 대로 눈에 거슬리지 않는 범위에서 신으면 된다고 여겼다. 양말에는 자신도 일가견이 있다고 자부하기에 좋은 양말과 나쁜 양말의 차이점에는 관심을 두면서도 신발에 대해서는 작은 상식도 거부하며 살았다. 이런 성격의 시작은 아주 어렸을 때부터 형성된 걸로 기억한다. 부모님이 모두 직장을 다니고 살림을 맡아 하는 할머니는 식구들의 양말이 가득담긴 광주리를 늘 끼고 살았다.

"발이 따서야 몸도 따신 기라."

언제나 희고 산뜻한 양말을 신는 언니를 보며 누덕누덕 기운 내 양말을 밀쳐내면 할머니는 내 발을 끌어다 양말을 신겨주며 덧대어 기운 양말이 더 따습다고 내 등을 토닥이셨다. 할머니가 기워준 양말은 할미니 밀처럼 따뜻하고 푹신 거려서 교실 마룻바닥을 헤집고 다녀도 시리지 않았다. 당시는 생활습관이 비슷하여 떨어진 양말이 흉이지 덧대어 기운 양말은 흉이 되지 않았다. 산길을 다니든 도심의 포장도로를 다니든 발의 편함과 시리거나 덥지 않은 것은 양말에서 오기에 행여 신발이 떨어져도 양말만 괜찮으면 모든 것이 좋다고 믿었다. 이 신념은 성인이 되어 한창 뽐내고 다닐 때도 적용되었다. 외관만 뚜렷하면 신발은 다 좋았다. 상표나 값은 안중에 없었다. 그러기에 내가 사는 신발은 지하철 역사나 시장 모퉁이 난전에서 사는 게 거의였다. 지금껏 신고 다닌 신발의 가격도 20만 원을 넘지 않았다. 그나마도 십 몇 만 원 하는 고가의 신발은 선물로 받았지 내 손으로는 10만 원 넘는 신을 산 적이 없었다. 하지만 나도 여자라서 소위 메이커제품에 눈독이 들지 않은 것은 아니었다. 값비싼 신을 신고와 자랑하는 이웃을 보면 먹고 살기가 더 바쁜 우리 집 행태를 비난하기도 했었다. 그러나 어디 뽐낼 곳도 없고 어디 나다닐 곳도 없는데 굳이 비싼 돈 주고 신발을 사 신을 필요가 있을까? 스스로 자중하며 지냈다. 거기에 덧붙여 올바루 양말을 신어야 발이 안전하고 편하다는 나 자신의 논리에 푹 빠져들었다. 길거리에 나가면 나는 행인의 발목을 유심히 본다. 여자들은 스타킹을 신어서 양말의 품격을 확인할 수가 없다. 하지만 남자들 양말은 구두 위로 솟아나서 눈여겨보면 양말의 종류를 다 알 수가 있다. 나는 신은 양말을 보며 양말의 주인 성격을 가늠해보기도 한다. 대체로 몸이 무거운 남자들 양말은 좀 두껍다. 등산용 양말을 많이 신는다. 몸의 무게가 쏠리는 발을 편하게 하려고 쿠션 있는 양말을 주로 택한다. 반대로 작은 남자는 상큼함이 돋아나는 폴리에틸렌 소재의 양말을 많이 신는다. 까칠하면서도 신축성이 좋아서 당기어 발목까지 덮고 다닌다. 목이 짧은 패션양말은 요즘아이들 양말의 대세다. 통이 좁은 바지가 유행하며 양말이 노출되어 편안함보다 보기 좋은 쪽으로 양말의 선호도가 바뀌고 있다.

졸업하고 뛰어든 직업 전선에서 빨리 배우고 독특한 나만의 기술을 가질 수 있다는 시대의 흐름에 시작한 양말 가공 기술이었다. 대구는 직물공장이 많아서 양말 아니라도 할 일은 많았지만, 할머니가 꿰매어 신겨주던 양말이 생각나 두툼하고 질긴 새 양말에 대한 포부가 너무 번져서 양말가공공장에 들어갔다 해도 빈말은 아니다. 사춘기도 팽개치고 대든 양말 만들기를 지금까지 하고 있으니 양말에 대한 당위론을 그럴싸하게 늘어놓을 만도 하다고 누구나 생각할 것이다. 그런 내가 얼마 전, 아니 추석 전부터 양말이 아닌 신발로 관심이 돌아섰다. 원인이 있다. 위에서 언급한 상품권 때문이다. 방송국에서 부상으로 보내준 상품권은 백화점. 그것도 대구에서는 대구백화점밖엔 없는 유명 업체의 증정 표였다. 증정용은 상품권과는 달리 나머지 금액의 환급은 되지 않는다. 가령 20만 원짜리 물건을 산다면 그게 끝이다. 버리는 돈 10만 원이 아깝다면 그 가격에 맞는 물건을 골라야 한다. 일단은 물건을 보아야 하는데 백화점이란 곳이 마트처럼 아무 때나 불쑥 찾아가는 곳이 아니라 언젠가는 하다가 3년이 흘렀다.

백화점은 우리 서민들과는 거리가 멀다. 코앞의 마트에만 가도 부러울 것 없는 상품이 많은데 굳이 비싼 백화점을 찾을 일이 코끝만치도 내겐 없었다. 특히나 명품들로 도배된 백화점에 발을 잘못 디뎠다간 나도 여자인데 혹하는 심정에 드르륵 카드를 긁지 않을까. 걱정도 되어서였다.

추석을 두 달 앞두고 우연히 대구백화점 곁을 지나게 되었다. 문득 상품권이 생각나 미리 알아둔 증정용 상품권을 쓸 수 있는 점포를 찾아 백화점 문을 밀쳤다. 생각은 했지만 마트에 드나드는 여성과 백화점에 드나드는 여성은 옷차림에서도 차이가 났다. 그들 틈에 끼이며 스스로 생각하니 내 매무새가 너무 초라해 보여 그만 나갈까 하는 마음이 숱하게 들었다. 거울을 보니 외관상은 흠 잡힐 것 없건만 주눅이 듦은 순탄치 않은 형편 때문일 것이다. 그래도 당당하게 점원의 인사를 받으며 가게 안으로 들어갔다. 먼저 선반에 놓여있는 가방을 보았다. 구두와 가방을 파는 가게인지라 30만 원 정도면 괜찮은 가방이 있을 것도 같아서 신발보다는 우선 가방 쪽을 먼저 찾았다.

"예. 손님. 아래쪽은 450만 원이고요. 위에 있는 건 600만 원입니다."

기절초풍할 가격이다. 놀라자빠질 일이지만 뒤집어지는 속을 꾹꾹 눌러 앉히며 알았다는 듯 미소를 보내며 그래도 고개를 끄덕였다. 점원의 눈빛은 순간이지만 경멸이 빛이 돌았다. '그럼 그렇지 네까짓 게 무슨' 이러는 것 같아 그만 나갈까? 생각하니 얼굴이 화끈거렸다. 하지만 이 상품권을 쓸 수 있는 가게는 대구에서 여기밖엔 없기에 다시 신발 쪽으로 눈을 돌렸다. 눈에 든 신발은 하나같이 우중충하고 오래된 고물 같았다. 그래도 가격표는 다 20만 원이 넘었다. 같은 가격대의 신발만 살피는데 점원은 다른 곳을 안내한다.

"안쪽 제품은 질이 아주 좋습니다."

누가 모르기나 할까? 가격에 맞추느라 곁눈질도 안 하는 곳에 점원이 앞장선다. '저런 신발은 어림도 없을 걸?' 내 형편을 먼저 알아서 비꼬는 것 같은 생각이 들었지만 무엇이 겁나랴? 나는 점원의 뒤를 따랐다. 그때 안쪽 제일 앞자리의 내 눈높이에 걸려있는 신발이 눈에 확 들어왔다. 이상하게 가슴이 쿵쾅거리고 머리가 아찔해졌다. 저런 신은 구경도 못 했지만 느낌에도 편하고 좋을 것 같았다. 슬그머니 들어서 품질을 보는 척하며 안쪽에 붙어있는 가격표를 읽었다. 52만 원. 신발든 손이 덜덜 떨려왔다. 무슨 신발이 이리 비싸담? 이걸 누가 사 신는데? 우리 동네 마트에 가면 외관이 비슷한 이 정도의 신발은 7만 원 정도면 무난하게 사는데. 고까운 생각에 신발을 놓으려는데 점원이 다시 내 비위를 거슬렀다.

"이 신발은요. 전 세계에 250켤레밖엔 없습니다. 아무나 신을 수 없다는 뜻이지요."

네까짓 게 이런 신발 신을 자격이나 있냐? 이런 속마음이 엿보이는 것 같아서 두말 하지 않고 신발을 내려놓았다. 그대로 돌아서서 처음으로 돌아가 앞줄의 20만 원대 신발장에 섰다. 상한선에 제일 가까운 신발이 23만 원짜리였다. 그러나 나머지 7만 원을 버리자니 생돈이 나가는 것처럼 아까워서 그 신을 취하지 못했다. 흘깃 점원의 눈치를 보았다. 점원은 52만 원짜리 신발에서 내 손때를 지우고 있었다. 머뭇거리다 돌아서는 등 뒤로 점원의 중얼거림이 들려왔다.

"발이 편해야 마음도 편합니다."

잠이 오지 않았다. 아니 올 턱이 없었다. 눈을 감아도, 또 떠도, 구두코의 까치날개처럼 예쁜 하양이 눈에 밟혔다. 가고 오는 차 안에서도 수백 켤레의 양말을 만들어내는 직장에서도 52만 원짜리 하얀 구두코가 눈앞에서 떠나지 않았다. 까짓 20만 원 확 보태서 사? 아냐. 내가 뭔 부자라고 52만 원짜리 신을 신는단 말이야. 이렇게 찬반으로 마음이 갈라지며 며칠을 고민 고민하였다. 큰애는 내 성격을 빼닮아 내 마음을 잘 안다. 쓸데없는 고민을 잘하는 제어미를 누구보다 잘 알기에 이번에도 해결사를 자칭했다. 어쩌면 잘된 일이다. 딸애에게 털어놓으니 한결 마음이 편해졌다. 이젠 신발을 사고 안사고의 문제가 아니다.

"사라. 와. 우리 엄만 여자 아니야? 50만 원짜리 신으면 뭐 발모가지라도 고장 나나?"

딸애가 더 흥분되어 난리를 쳤다. 그길로 나는 딸애를 앞세우고 대구백화점으로 갔다. 요행이랄까? 그 신은 아직 팔리지 않고 있었다. 하지만 보기에 좋은 235밀리라서 내 발엔 맞지 않았다.

"이 신은 국내에 딱 두 켤레밖에 없어요. 235밀리가 여기 있고요. 마침 손님이 찾으시는 250밀리가 서울에 하나 있네요. 행운입니다."

참말인지 거짓인지는 모르지만 듣기에 싫진 않았다. 다시는 이 제품이 시중에 나오지 않는다는 말에 3천 켤레의 구두를 가지고 있던 필리핀 독재자 이멜다가 부럽지 않았다. 30만원 증정용 상품권과 현금 22만원을 지급하고 백화점을 나왔다. 물건은 이틀 뒤 택배로 보내준다고 했다. 정확히 약속한 이틀 뒤 신발이 왔다. 신어보니 그렇게 좋을 수가 없었다. 환갑을 넘겼으니 나도 살만큼 살아왔지만, 그동안 숱하게 많은 신발을 닳아 내었지만, 어떻게 처음 신게 되는 신발처럼 그렇게 기분이 좋은지 지금에 와서도 이해되지 않았다. 그냥 말 그대로 너무 좋았다.

실질적 현금은 22만 원 밖에 쓰지 않았지만, 그나마도 큰 딸애가 자신의 카드로 지급해 주었지만, 나는 처녀 적 마음처럼 황홀한 기분으로 까치신발(내가 그리 이름 지었다.) 신발을 신고 추석을 맞았다. '발이 따셔야 마음도 따신거라.' 어릴 적의 할머님은 신발의 고마움을 누구보다 더 잘 알았다. 눈에 넣어도 아프지 않을 자신의 손주에게 왜 튼튼하고 질긴 비싼 신이면 더 좋을. 그런 신을 신기고 싶지 않았을까? 어려운 살림을 감추기 급급하여 그저 발의 따뜻함은 신발보다 양말이라는 논리를 들이댔다. 지나간 일에 가정은 금물이지만. 만약, 만약에. 할머니가 살아 계신다면, 그래서 같이 백화점에 나왔다면. 할머니는 틀림없이 이렇게 말씀하셨을 것이다.

"선주야. 그 신 참 좋네. 우리 선주에게 딱 어울리네. 어서 사라. 양말보다 신이 좋아야 발이 따신기라."

아버지나 어머니도 옳은 신발 한번 못 신어보고 돌아가셨지만, 구두 이야길 쓰면서도 할머니 생각이 내내 마음속에서 떠나지 않는다.

"발이 편해야 마음도 편합니다."

점원의 이 말이 정말일지는 더 두고 볼 일이다.

콩트

정이식 하롱베이에서 온 꽁가이

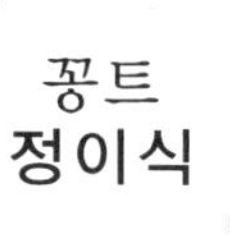

꽁트
정이식

하롱베이에서 온 꽁가이

찔끔거리며 잠시 내린 비가 한 때 비라는 예보의 전부인가 보다. 무슨 장맛비가 이 모양인지. 개미눈물도 이보다는 많겠다. 사실 내겐 비가 그리 달가운 존재는 아니다. 하지만 발바닥을 삶을 듯이 덤벼대는 살인적인 더위에 차라리 비를 맞음이 더 좋을 것 같다는 생각을 가져본다. 해뜨기 직전인데도 땀이 비를 대신하여 내 안으로 흘러내린다. 오토바이에 실린 이 우유를 다 배달하려면 아직은 멀었는데 흡사 물에 빠진 듯 옷이 다 젖었다. 부끄럼도 들지만 우선 할 일이 있어서 큰길로 오토바이를 돌렸다. 올해 초등학교 입학한 아들아이 책가방을 챙겨주어야 한다. 모르긴 해도 녀석은 자고 있을 것이다. 홍수처럼 흘러드는 차량 사이를 비집고 좌회전 차로로 접어든다. 마음만 바쁘지 어김없이 붉은 신호등이 앞을 가로막는다. 오늘따라 오토바이가 갈 틈도 주지 않고 차가 몰려있다. 할 수 없이 네 번째 차량 뒤의 좌회전자리에 섰다. 백미러에 경찰차가 비친다. 흘끔 뒤를 돌아보았다. 경찰차 운전자와 눈이 마주쳤다. 운전자가 차창 밖으로 팔을 내민다. 엄지를 치켜세우며 손짓을 한다. 길가로 나오라는 신호다. 뭘까? 왜 내게 수작을 거나? 문득 머리가 허

- 1954년 경남 산청 출생.
- 문학사랑 신인작품상. 경남신문 신춘문예 동화 당선.
  한국인터넷문학상. 근로자문학제수필 은상.
  글동네 2002문학상 대상. 샘터작가상 수상
- 한국문인협회. 경남아동문학회. 한밭아동문학회.
- 대한사이버문학회 동인, 진주 하대동거주.
- Tel : 010-4800-1623 / E-mail : cis1623@hanmail.net

전하여 만져 본다. 아차, 안전모를 안 썼다.

"꽁가이님. 이젠 전문가 다 되었네요."

놀림은 아니지만 별로 듣고 싶지 않은 말이었다. 이 소리를 싫어함을 누구보다 잘 아는 우유보급소 소장님이 잘못하신 거다. 내가 사는 셋집의 집주인이 우유보급소 소장님이다. 내가 베트남여자라고 소장님이 장난삼아 내뱉은 꽁가이가 보급소에서 별명으로 눌어붙었다. 조금 전에도 그렇다. 한창 우유분류작업을 하는데 늦게 출근한 창구 엄마가 내 손놀림을 보고 전문가 운운하며 꽁가이라 불렀다. 소장님이야 베트남 참전용사이고 또 집주인이며 보급소에 취직까지 시켜주신 고마운 분이라 그냥 흘려듣는다. 하지만 다른 이가 꽁가이라 부르면 정말이지 듣기 싫다. 베트남사람이라고 깔보는 것 같아서다. 속으로 부아가 치밀어 휑하니 나오며 미처 안전모를 챙기지 못했다. 과태료가 3만 원이다. 오전 내 길거리를 훑고 다녀도 그만큼 벌기가 쉽지 않다. 다시 돌아보았다. 기다렸다는 듯, 눈길이 마주치자 길가로 나오라는 같은 신호를 보낸다. 용빼는 재주가 없다. 핸들을 우측으로 꺾으며 곁눈질로 보니 오토바이는 옆 차로에 두 대나 더 있다. 그들도 안전모를 안 썼다. 동료는 아니지만, 모두가 나처럼 우유를 싣고 있다. 없기는 그들도 마찬가지다. 아침부터 딱지 끊기면 기분도 안 좋지만 적은 일당이 몽땅 날아간다. 그들도 나와 같은 생각인지 흘끔거리며 뒤를 보더니 슬금슬금 길가로 나간다. 보아하니 도망갈 기세다. 아니나 다를까 경찰차의 반응이 없자 쏜살같이 골목 안쪽으로 달아난다. 경찰은 분명 보았을 터인데도 쫓아가지 않는다. 경찰의 목적은 내게 있을지도 모른다. 멀리서도 한눈에 알아볼 정도로 베트남인의 행색이 내겐 뚜렷하다. 도망가자는 유혹이 슬그머니 일어난다. 설마하니 우유배달부 오토바이를 잡으러 올까? 남들도 그러하는데. 살살 차 사이를 뚫고 길가로 나간다. 때마침 신호가 바뀌고 대기 중인 차들이 움직이기 시작한다. 경찰차도 차로를 비끼며 길가로 나온다. 이때다. 일단은 튀고 보자. 아들아이 책가방은 뒤의 문제다. 부릉, 오토바이 가속 손잡이를 힘껏 돌렸다. 브레이크를 놓자 재빠르게 튀어 나간다. 골목길로 차머리를 들이밀었다. 뒤도 돌아보지 않고 단숨에 한 블록을 달려왔다. 그런데 아니? 저게 뭐야. 기다란 화물차가 골목 네거리를 늙은 고양이처럼 어슬렁어슬렁 지나간다. 그대로 달리면 받친다. 끼익. 급제동을 걸고 오토바이를 전봇대 옆에 세웠다. 설마 하며 뒤를 돌아보았다. 으아! 정말 돌아가시겠다. 어느새 경찰차가 내 뒤에 바싹 다가와 있다. 뱅글뱅글 경광등까지 돌아간다. 숨이 탁 막힌다. 더는 도망할 배짱이 없다. 경찰차의 문 네 개가 동시에 열리며 몸집이 좋은 경찰관 네 명이 동시에 내린다.

"아줌마. 왜 도망가요?"

나보고 길가로 오토바이를 대라며 손가락질하던 경찰아저씨다. 오른손이 권총집 위에 얹혀있다. 도망가면 쏘려고 준비하나 보다. 몸이 덜덜 떨려온다. 한국 온지 8년이나 되었다. 남편이 사고로 일찍 저 세상으로 가며 온갖 서러운 일을 다 겪어도 이런 경우는 처음이다. 가슴을 안정시키려 눈을 꼭 감았다. 감은 눈 사이로 비 오듯 땀이 흘러내린다. 서러움이 북받쳐서 눈물까지 나려 한다. 우유배달 시작한 지 일주일째다. 오토바이 운전면허도 아직 못 냈다. 어쩌지? 난감하다.

"이제 왜 이리 안 나와?"

경찰 아저씨가 허리를 틀며 몸을 숙인다. 그러더니 짠, 하며 권총을 꺼내어 두 손으로 나를 겨냥한다.

"살려주세요."

나도 몰래 번쩍 손을 쳐들었다. 도망가는 베트남사람에게 권총을 발사한 경찰관 이야기를 들은 적이 있다. 그는 불법체류자였지만 나는 아니다. 어엿한 대한민국 주민등록증도 있다. 하지만 이런 사실을 경찰아저씨는 알 리가 없다. 우선은 살고 볼 일이다.

"아줌마. 뭐 하는데요?"

두 손을 치켜들고 벌벌 떨고 있는 내게 오히려 경찰아저씨는 반문을 한다. 아! 난 왜 이럴까? 내가 착각을 하였다. 경찰아저씨가 꺼낸 것은 총이 아닌 1만 원짜리 돈이었다. 일부러 놀리느라 돈을 들고 총 쏘는 시늉을 하였다. 부끄럽다. 그만한 일에 벌벌 떠는 내 모습이 창피스러워 슬그머니 손을 내렸다. 어색한 웃음을 따라 지었다.

"아 참. 비도 안 오고, 날이 왜 이리 더워?"

경찰아저씨는 이런 나의 마음을 읽었나 보다. 땀도 안 흘리면서 손 등으로 이마를 문지른다.

"얘들아. 이리 와라. 밤샘 치느라 고생하였지? 우유 한 개씩 마시고 가자."

경찰아저씨의 쩌렁쩌렁한 목소리가 골목길에 깔린 아침 더위를 쫓아낸다.

"우유 네 개만 줘요. 아줌마."

"그럼 우유 사려고 나를 쫓아 왔습니까?"

"몰랐습니까? 이왕이면 다문화가족 우유 팔아주자고요. 다른 우유는 거들떠도 안 보았어요."

경찰아저씨가 내미는 돈을 받았다. 감촉이 부드럽다. 괜스런 걱정이 순간에 날아간다. 우유를 건네주고 하늘을 쳐다본다. 하얀 뭉게구름이 둥실둥실 흘러간다. 내 고향 하롱베이에서도 가끔 보던 구름이다. 희끗희끗거리는 파란 하늘처럼 좋은 사람들에 의해 내 마음도 따라 파랗게 변해간다.

단편소설

서혜원 탁구장 안의 미운 오리

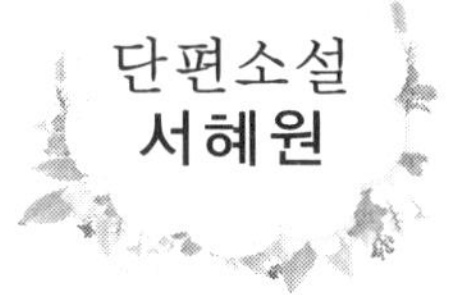

탁구장 안의 미운 오리

1

“*같은 년들이 알짜배기는 다 저희들 조에 처넣고 별 볼 일 없는 쭉정이들끼리만 하라고… 씨*”

상스럽기 싹이 없는 그녀의 욕설은 수민자치센터 탁구 회원들의 심기를 매번 흔들었다. 탁구장 안에 들어서면서부터 그녀의 입에서는 쉴 새 없이 거친 말들이 쏟아져 나왔다. 욕이 체질화 된 사람 같았다. 욕 얻어먹는 일이 일상화가 되어버린 탓일까. 회원들은 그녀의 행동에 모른 척, 무관심했다. 관심을 가지고 묻고 따지다가는 상처뿐인 영광이 되기 십상이었다. 서로 할퀴고, 꼬집고, 또 그 상처 위에 소금을 뿌리는 듯한 욕설에서 배치기까지, 서슴치 않는 싸움판으로 탁구장 안은 금세 아수라장이 되었다.

탁구 회원들은 탁구대회에 나가기 전, 출전의사를 물어보면 겸손(?)하게 뒤로 빼다가 팀이 다 꾸려지고 나면 예서제서 불만이 터져 나왔다. 그 중 팀 파트너에 대한 불평이 가장 많았다. 자신보다 기량이 나은 사람과 출전하고 싶은 욕심 때문이었다.

내가 이곳 주민자치센터 탁구장으로 오게 된 것은, 운영하고 있

• 수필문학 등단. 한국수필가협회 회원, 문학사랑 문인협회 회원
• 군포문인협회 회원. 한국문인협회 회원.
• 《문학사랑》 제 10회 인터넷문학상 수상
• 한밭소설가협회 회원. 한밭수필가협회 회원. 대한사이버문학 설립자
• 소설집 『참고인』(2016.7) 〈오늘의문학사〉 출간.
• E-mail : cryingbird50@hanmail.net

는 간병인 교육 센터를 이곳 주민자치센터 근처로 옮겼기 때문이었다. 그 즈음 그녀도 이곳의 신입회원으로 등록을 하였다. 매일 들러 잠깐씩이라도 운동을 하는 나와는 달리 그녀는 탁구장 오는 횟수가 일정하지 않았다. 기분이나 그날의 컨디션에 따라 움직이는 것 같았다. 그녀와 운동하는 시간대가 달라 같이 운동해본 기억은 손가락으로 꼽을 정도였다. 하지만 포핸드 몇 번 쳐보면 서로의 실력을 충분히 추정할 수 있었다. 그녀의 탁구기량은 수준급 이상이었다. 운동 경력이 궁금하지 않은 것은 아니지만 물어볼 수는 없었다. 그녀의 까칠한 성격 때문이었다. 꼭 알지 않아도 좋을 것들을 물었다가 언짢은 일 당하고 싶지 않았다. 이 탁구장에 다닌 지 2년이 넘었어도 그녀뿐만 아니라 다른 회원들의 사생활에 대해서도 알고 있는 것이 없었다. 다른 회원들에게 나도 그와 같은 이웃이긴 마찬가지였다. 나도 그들에게 내 이야기를 들려준 적이 없었다. 이웃에 관심없는 요즘 사람들답게, 운동만 같이 하면 되었지 그 이상의 교류는 원치 않았다. 그래도 시간이 흐르면 자연스럽게, 조금씩 알아 가게 될 것이라고 믿고 있었다.

그런데 그녀는 꽤 독특했다. 자신에 관한 질문은 그 어떤 것이든지 발끈하고 답하기를 거부했다. 일반적이고 평범한 질문인 안부조차도 허용하려들지 않았다. 상스러운 욕설에다 표독스럽기 까지 하였다. 그녀와 한 판 붙어본 회원들은 다른 동의 주민자치센터로 이적을 하거나 탁구를 그만두든가 하였다. 그러나 그녀는 아무 일 없었던 것처럼, 자신이 오고 싶은 날에 탁구장에 나타나곤 하였다. 말만 걸면 싸우자고 덤비는 그녀의 말투 때문에 회원들은 이젠 아예 토를 달지 않고 피했다. 불통인 막가파한테 당해낼 재간이 없었다. 초보회원들의 교정되지 않는 포핸드 자세에 하릴없이 분노를 터뜨리고, 서브가 어려운 남자와 시합을 할라치면 받기 *같은 공이라고 구시렁거렸다. 그리고 끄떡하면 엣지 싸움을 하였다. 상대방이 듣거나 말거나 "씨* 씨*"을 입에 달고 살았다. 그녀는 회원들이 힘들게 참고 있다는 것을 아는지 모르는지 나날이 기고만장 했다. 그녀가 있는 한 탁구장 분위기는 살벌할 수밖에 없었다. 그런 일이 자주 발생하다 보니 탁구회원들은 하나 둘씩 그녀와 말을 섞지 않으려 슬금슬금 피했다. 그녀의 옆 자리는 항상 비어있었다. 회원들은 그녀와 좀 떨어진 곳에 모여 앉아, 그녀가 잘 들을 수 없는 작은 목소리로 웅성웅성, 소곤소곤 대화를 나누었다. '탁구매너가 꽝이네' '정상이 아니야. 맛이 좀 갔나 봐.' '어디가 아픈 걸까?' '암일까?' '암 환자가 정신병자도 되나?' 홀로 앉아있는 여자는 자신을 궁금해 하고 미심쩍어하는 그들의 행동 따위에는 관심이 없다는 듯, 여전히 핸드폰만 들여다보고 있었다. 새로운 카카오 게임에 빠져있는 걸 보면 회원들이 생각하는 중증의 환자는 아닌 것 같았다.

매몰차게 안면몰수를 못하는 동네 주민들의 촌스러운 정 때문에 탁구 회원들은, 여자의 적절하지 못한 행위에 대거리를 하지 못한 채, 그저 무작스럽고 교양 없는 그녀의 행동을 인내하고 있었다. 회원들에게 특별하게 해코지를 하지 않는 한, 회원들 스스로 떠나주지 않는 한 아무도 탁구레슨을 그만두라고 할 권한이나 규약 같은 건 없어보였다. 회원들은 자연스럽게 정화되기를 기다리고 있었다. 그러니까 그녀 스스로 떠나 줄 날을 기다리고 있는 것이었다. 그러나 탁구를 배우고 싶어 하는 일부 회원들에게 그녀의 탁구 실력은 부러움의 대상이었다.

2

십여 년 전, 우울증으로 정신과 의사를 찾았을 때, 의사는 운동을 권했다. 걷는 것도 싫고, 운동은 더더욱 싫고, 라고 웅얼거리자 의사는 탁구를 권했다. 난 운동은 정말 하기 싫다고 하였다. 그럼 그냥 죽든지, 하였다. 운동 안한다고 당장 죽기까지야 하겠는가. 라는 생각에 심각하게 받아들이지 않았다. 다만 탁구라는 종목을 콕 집어 권하는 것이 이상해 물었다.

"선생님이 좋아하는 운동인가요?"

"제가 좋아하기도 하고, 우울증 환자한테 탁구는 좋은 운동입니다. 그래서 많이 권해드리고 있지요."

"전 운동이라는 걸 해 본 적이 없어서요. 안 어려울까요?"

"하기 달렸어요. 하기에 따라 어렵기도 하고 쉽기도 하고…"

"그래요?"

"재밌을 겁니다. 재밌어 하면…효과를 보는 겁니다. 해 보세요!"

그래서 탁구를 시작했다. 그리고 지금까지, 십여 년을 넘게 하루도 빠지지 않고 탁구장을 찾았다. 이따금씩 의사를 찾아가 상담을 하면, 매우 좋아져가고 있다면서, 물었다. "요즘 탁구 잘 하고 계시죠? 재밌다고 지나치게 욕심 부리면 그것도 병 됩니다." 라고 충고까지 해주었다. 하지만 무엇이든지 미치지 않고선 배울 수 없었다. 미치지 않고선 사랑을 할 수 없는 것과 같았다. 마음대로 되지 않는 탁구 기술 때문에 우울증이 다시 도질 판이었다. 하지만 그 욕심이 집중력을 키우면서 우울할 새가 없었다. 때문에 난 탁구를 하면서 처음으로 마음의 평온을 되찾을 수 있었다. 틈만 나면 탁구장에서 탁구공과 놀았다. 탁구공과 놀고 있는 동안 내 머릿속은 탁구공처럼 하얗게 비어갔다. 무념무상…난 그 무념무상의 순간을 즐겼다. 편안하고 행복했다.

그런데 운동이란 것이 시합을 해 이기면 재미있고 즐거웠다. 지면 화가 나고 불쾌했다. 그것이 스포츠의 본질인 것을, 승패에 관계없이 운동으로만 가볍게 하라는 말은, 듣기에 따라선 썩 좋은 위로는 아니었다. 어쨌든 가끔 참가하는 대회에서는 그동안 갈고 닦은 기량을 스스로 평가받는 날이다.

시 체육회는 일 년에 두 번 탁구대회를 개최한다. 덕분에 각 주민자치센터와 탁구클럽에서 운동하고 있는 탁구동호인들과 인사를 나누고 친분이 생기는 것도, 바로 대회가 열리는 체육관에서였다. 어쨌거나 건강을 위한 생활체육이라고 해도 시합은 승부욕을 자극한다. 큰 대회가 한 번씩 끝나고 나면 레슨의 필요성을 느끼는 동호인들은 탁구클럽을 찾아 등록을 한다. 그래서 은퇴한 탁구선수들이나 그밖에 탁구 인들이 운영하는 탁구 클럽은, 생활체육 탁구동호인들에겐 없어서는 안 되는, 절대 필요한 탁구교실이 되어주고 있다.

우울증의 치료방법으로 알게 된 탁구가 어느새 시합을 잘해보겠다는 승부욕으로 발전해 자신을 괴롭혔다. 예체능은 노력만으로는 한계가 있었다. 생활체육도 마찬가지였다. 타고난 운동 감각이 있어야 배우고 익히는 데 수월했다. 욕심만으로 되는 게 아니었다. 하지만 공을 쳐서 넘기고, 받아서 다시 넘길 수 있으면, 충분히 즐길 수 있는 게 탁구였다. 하얀 공이 포물선을 그리기도 하고, 다이렉트로 날아가기도 하고, 탁구대 위에서 경쾌한 소리도 지르고, 그러는 동안 나는 행복했고 편안했다. 근원지가 애매모호한 욕구불만 따위 차오를 새 없었다. 익히고 다듬어야 할 기술들이 너무 많았다. 하지만 발 빠른 젊은이들의 공을 따라갈 수 없음을 인정하고, 스스로 운동을 선택했던 것처럼, 승부욕도 스스로 내려놓을 줄 알아야 했다. 대신 즐기는 쪽으로 방향을 바꾸었다. 지는 탁구를 하면서 즐거울 수는 없겠지만, 나와 비슷한 수준의 탁구동호인들과 치다 보면 지고 이기기에 크게 마음을 쓰지 않는다. 기분이 잠시 나빴다가 잊어버리는데 익숙해지면 되었다.

아무튼 대회 공지가 올라오면 탁구회원들은 바빠진다. 부수별로 조도 짜야 하고 연습도 빡세게 해야 하고, 시합 날이 다가오면 임원들은 시합 날 먹을 점심과 간식 등을 준비하느라 바쁘고, 회원들은 소풍가는 학생들처럼 긴장하며 밤잠을 설친다.

주민자치센터에 발을 들여 놓던 첫 해에는 기존의 탁구회원들은 에이스 그룹에 나를 넣어 주었었다. 그런데 시합에서 난 한 게임도 이기지 못했다. 주민자치센터에서만 레슨을 받은 그들은 탁구클럽에서 온 내가 좀 나을까 싶었는데, 그것이 아닌 것에 실망하는 눈치였다. 그들에게 미안했다. 그 다음 시합 때 그들은 에이스 조에서 나를 빼고 그녀를 넣었다. 하지만 그녀 역시 좋은 성과를 얻지 못했다. 이번 시합에서는 그녀를 빼고 다른 회원을 넣었다. 승부의 세계는 냉정하다는 것을 모르지 않지만, 그녀와 난 에이스 그룹에서 왕따 당한 느낌을 떨쳐버릴 수 없었다. 그렇지 않아도 활화산 같은 여자는 자기가 디스 당했다는 것에 대한 서운함과 분노를 삭히지 못했다. 누가 듣거나 말거나 듣기 거북한 욕설을 마구 쏟아내고 있었다.

3

난 회원들 모두가 피하는 그녀의 옆자리에 가 앉았다.

"이번 시합에 나갈 건가요?"

그녀는 내가 곁에 앉자 시선과 손은 핸드폰에 올려놓은 채, 먼저 말을 꺼냈다. 그리고는 질문을 받은 내가 대답 할 새 없이 자신이 답을 했다.

"난 안 나갈 겁니다."

그녀 식대로라면 언제 물어봤냐고 라고 말하고 싶은 심정이었지만 참았다. 시합이란 말을 먼저 꺼내는 걸 보면 그녀는 지금 참가하고 싶은 것이었다. 물론 안 나가겠다는 말을 하는 것은 그녀뿐만 아니었다. 팀을 구성하기 위해 참가의사를 타진하기 시작하면, 의사를 분명하게 밝혀주는 회원들은 극소수였다. 대부분 나간다, 만다,

실랑이를 한참 벌인 후에야 결정을 해 팀이 꾸려지곤 하였다.

나는 여자를 바라보았다. 비록 열심히 하는 것 같지 않지만 그녀는 분명 고수였다. 고수들은 시합을 마다하지 않는다. 고수들은 시합을 기다리는 사람들이다. 쉽게 안 나간다는 말 하지 않는다. 난 그녀의 진심이 믿어지지 않았다. 그녀는 지금 내가 함께 나가자고 하길 기다리고 있는 것이었다.

"고수님께서 안 나가시면 안 되지요."

"고수는 무슨? 지난 번 시합에서도 다 졌어요. 잘 치는 *들이 넘 많아요. 히~~"

"시합이란 게 질 때도 있고 이길 때도 있고 그러는 거죠. 뭐~"

"지난번엔 미안했어요. 나 땜에 A조에서 빠져서요."

"잘 하신다고 스카웃 되신 겁니다."

"비웃는 거죠?"

"아닌데요."

"나만 못하는 게 아니라 지들도 다 지드라구요."

"한 사람만 잘 한다고 되는 게 아니니까."

"실력이 *같아요."

"잘 하시면서 왜 그래요?"

"*팔…누굴 놀리나. 잘하긴 뭘 잘해요."

"이번 시합, 나하고 같이 나갈래요?"

"정말요?"

"회장한테 엮어 달라 해볼게요."

"난 복식 안 해요!"

팀이 꾸려진 것도 아닌데 벌써 자기 파트를 챙겼다. 단식, 단식, 복식 네 명이 한 팀으로, 단식을 할 건지 복식을 할 건지를 정하는데, 복식은 미리 정해놓고 연습하는 게 좋았다. 둘이 맞춰보는 게 시합에서 유리하기 때문이다.

"일단 회장한테 물어보구요. 잘 하시니까 단식 뛰셔야 할 거에요."

그러나 어차피 그녀와 복식을 하겠다는 회원은 없을 것 같았다. 차라리 안 한다고 빨리 말해주어 다행이었다. 마침 D조에 두 명이 가정사로 참가하지 못한다고 하였다. 그녀는 그 조를 쭉정이라고 한참 욕을 하다가 마음을 돌렸다.

"좋아요. 나갑시다."

"단식하세요. 제가 복식 하죠."

구성원이 부족해 함께 하기로 하긴 하였지만 D조 회원들은 그녀를 탐탁하게 여기지 않았다. 그녀의 성격을 잘 아는 회원이 말했다.

"저 여잔 끝까지 언니가 책임지세요."

무엇을 책임지라는 것인지는 확실히 몰라도 아마도 그 여자의 욕설을, 입을 책임지라는 것으로 들렸다.

탁구대회를 나가자고 할 때까지는 마음이 잘 맞는 것 같았는데, 그때만 점잖게, 멀쩡하게 대화를 나눴을 뿐, 역시 그녀는 거칠었다. 황당할 때가 한두 번이 아니었다. 앞뒤가 안 맞는 비논리적인 전개로 화를 낼 때는 그녀의 뇌 안을 들여다보고 싶어졌다. 그녀의 뇌 속에 들어있는 분노의 인자를 제거해 그녀를 정상인으로 돌아오게 하는 것이었다. 언행의 불일치와 변덕의 연속으로 속이 뒤집혀도 다른 회원들처럼 대놓고 다툴 용기는 없었다. 팀원들과 뒷담화로 화를 가라앉힌 후 마음을 돌렸다.

4

그 여자를 만나기 전까지 나는 평온했었다. 물론 탁구를 하면서 찾은 평온이었다. 역으로 말한다면 그간 나의 삶은 평온하지 못했다는 것이다. 평온이 주관적인 것이라고 하면 달리 할 말이 없겠지만, 한 마디로 찌질 했다. 금 수저를 물고 나온 것도 아닌데 마치 그런 사람처럼 화려한 삶을 꿈꿨다. 인생의 점프 업을 이루기 위해 노력한 것이 고작 결혼이었다. 그러나 남편은 아내의 허영심에 부심한 채 일찍이 병을 얻어 세상을 떠났다. 그때서야 난 현실이 보이기 시작했다. 그렇지만 악착같이 살아 책임져야 할 자식도 없고, 사랑하는 남편도 없는데 왜 더 살아야 할까? 무엇으로 남은 삶을 버틸 수 있을까? 우울했지만 나는 나를 살아야 한다는 걸 알았다. 살기 위해, 생활을 위해 내가 할 수 있는 일을 찾기 시작했다. 막노동, 파출부, 마트의 캐시나 허드렛일, 간병인 등, 몸으로 하는 일에 도전했나. 마지막으로 선택한 일이 간병인이었다. 아픈 사람을 돌보는 일은 바로 나 자신을 돌보는 일이었다. 살아남기 위한 선택이었으니까. 그리고 간병인 일자리를 얻고 싶은 사람들을 위해 간병인 교육센터를 열었다. 지금은 노인 요양보호사 양성까지 같이 하고 있었다.

행복하기 위해 사랑을 했다. 사랑이 다가오는 그 순간만큼은 짜릿하고 행복했다. 그렇지만 사랑이 끝날 때 치러야 할 고통은 너무 썼다. 아픔이 싫어 다가오는 감정에 강제로 외면했고 마음의 빗장을 걸었다. 행복 하고 싶다는 인간의 본능적인 욕구는 쾌락에 빠지게 하는 유해인자였다. 불행하다, 고통스럽다는 생각을 끌어안은 채, 외롭게 살아가다 보면 그 인고의 세월에 상을 주고 싶을 만큼 자신이 대견스러웠다. 그즈음 나타난 것이 행복금단 현상이었다. 행복해지고 싶은 욕구를 스스로 차단하자 우울증이 찾아왔다. 그리고 알게 되었다. 내가 평온하지 못했던 것은 성급하게 행복해지고 싶어서였다는 것이다. 행복을 포기한 지금, 그 자리에 탁구가 들어섰다. 우울증을 탁구로 처방해준 내 주치의는 명의였다. 탁구를 치기 시작하면서 내 뇌는 단순해지기 시작했다. 퇴폐적인 상념들이 들어 설 겨를이 없었다. 그래서 즐겁고 행복했다. 아마도 난 탁구공을 친 것이 아닌 목탁을 두들기며 기도를 했던 것이 아닐까 싶게 안정이 되었다.

간병인 교육 센터와 노인 요양보호사 양성소에는 교육을 전담하는 강사들이 몇 있었다. 맡기고 잠시, 자투리 시간을 활용해 탁구를 쳤다. 탁구는 내 마음대로 되지 않는 고집 센 연인이기는 하지만 잘 다독거려 죽을 때까지 같이 가야할 동반자로 생각하기로 했다. 온전치 못한 사람 만나 마음 고생하는 것보다 훨씬 나았다. 그런데 이곳에서도 스캔들에 휘둘리고 있는 사람들이 있었다. 탁구만으로는 충족되지 않는 젊음 때문이었다. 선남선녀가, 아니 유부남 유부녀들끼리라도 오랜 시간 같이 운동을 하다 보면 정이 들었다. 코치와도 심심찮은 염문설이 있지만 소문은 소문일 뿐, 나와는 무관한 타인의 일이었다. 남자 여자가 모이는 곳에서는 흔히 있는, 사람 사는 모습이었다. 유혹의 대상에서 한 발 물러선 것도 평온의 조건이 되어주고 있는 것인지도 몰랐다.

크기 40mm, 무게 2.7g의 하얀 공이 탁구대에 튕겨 오르며 지르는 그 경쾌한 소리의 중독성은, 탁구를 쳐본 사람들만이 알 것이었다. 단순히 그 매력 하나가 나를 변화시킨 것이다. 늦은 나이에 탁구 클럽을 찾았음에도 불구하고, 내가 대학, 대학원을 늦게 졸업한 만학도 라는 터무니없는 자긍심을 여기에서도 잃지 않은 채, 난 언제나 새로운 분야의 도전을 즐기는 사람이라고 자부했다.

그런 나의 평정심을 흔들고 있는 것이 그녀였다. 탁구회원들이 그녀 앞에서 어떻게 처신해야할지 몰라 하는 것과 같은 우스꽝스런 현상이 내게도 나타나고 있었다. 어쨌거나 그녀의 탁구기량은 나보다 월등하게 높았고, 시합 콜을 보낸 것도 나였기에 시합이 끝날 때까지 난 이 혼란을 감수해야했다.

5

“물론 그럴 리는 없겠지만요. 내가 컨디션이 안 좋아 뛰지 못하게 되더라도 이해해줘요.”

“무슨 소리에요? 어디 아파요?”

“아프기는요? 그렇다는 거죠. 저만 그런가요? 누구나 그럴 가능성 있지 않나?”

“그렇다고 그런 말 하지 않는데…”

“농담에요. *팔 드럽게…따지네.”

“무슨 말을 그렇게 하지?”

“나 한테 하는 겁니다.”

여자는 분명 내 물음에 욕을 한 것 같은데 순간 정신을 차렸는지 아니라고, 자신에게 한 말이라고 우기며 쌩하니 토라져서 밖으로 나가버렸다. 왜 시합을 같이 하자고 했을까. 후회가 되었다. 탁구동호인들이 시합 때 다리에 경련이나 근육파열로 쓰러지는 경우는 가끔 봤었다. 그렇다고 그걸 미리 걱정하지는 않았다. 그런데 여자는 자신이 쓰러질 것을 믿고 있는 것 같았다. 그녀의 말이 왠지 불쾌하고 신경에 거슬렸다. 어쩌면 내가 생각하고 있는 것보다 훨씬 더, 그녀의 건강이 나빠져 있는 것인지도 몰랐다. 그녀는 자신의 건강을 믿고 있지 않은 게 확실했다.

시합 날 체육관에서 그녀는 나를 만나자마자 또, 만약을 강조하며 내게 재차 다짐을 했다. 혹 일어날지도 모를 돌발 사태에 대한 주의였다.

“솔직히 말씀하세요. 어디가 아픈지…”

“안 아파요.”

“근데 불안하게 왜 그래?”

“만약이라고 했잖아요.”

"걱정 말아요. 체육관 밖에 구급차 대기 중이니까요."

"그래요?"

모른 척 능청을 떠는 여자의 모습에 짜증까지 나려했다.

"혹시 시합을 할 수 없을 정도로 몸이 힘들면 라켓 놓으세요. 시합이 뭐 그리 중요할까요."

그녀의 건강에 비상등이 켜진 게 분명했다. 라켓을 놓아버리라는 말로 불안해하는 그녀를 안심시켰다. 그러나 결승전까지 올라가는 동안 그녀가 우려하는 일은 일어나지 않았다. 팀원 모두가 자신들의 몫을 잘 해 주었기 때문이었다. 결승전은 폐회 직전에 하게끔 계획되어 있었다. 난 불안한 마음으로 그녀의 표정과 몸짓을 살폈다. 본인이 중지 못하면 나라도 나서야했다. 팀원들은 내게 그녀를 책임지라고 하였다. 그러기 위해선 수시로 여자의 행동을 지켜봐야했다. 그리고 팀원들에게 혹 일어날지 모를 사고에 대해 미리 설명을 해 두었다. 결승전까지 무사히 올라올 수 있어 안도를 하였지만 방심은 금물이었다. 어느 순간에 일어날지 모를 사고였다. 마지막 한 게임만 무탈하게 잘 견뎌주길 바랐다.

드디어 싸울 탁구클럽 선수들과 결승전을 앞에 두고 탁구대 세대에 나누어 들어갔다. 이 시합만 이기면 우승, 지면 준우승이었다. 단식 한 명씩이 탁구대 두 대에 나눠 들어가고, 중간 탁구대에 복식, 이렇게 세 팀이 모두 탁구대 앞에 섰다. 그 중 두 팀만 먼저 이겨주면 나머지 한 팀은 시합을 중지한다. 그런데 첫 서브를 넣는 순간, 그녀가 들어간 세 번째 탁구대에서 날카로운 비명 소리가 들렸다. 그녀가 쓰러진 것이다. 시합 중 일어날지 모를 사고에 대비해 체육관 밖에 준비되어 있던 119 구급대원들이 뛰어왔다. 구급대원들은 그녀를 차로 옮기기 전 심폐소생술을 시도한 후 간단한 산소마스크를 장치했다. 우리 팀은 복식인 내가 기권하지 않는다면 시합은 그대로 진행될 수 있었다. 그러나 난 팀원들한테 우리 이만하면 아주 잘 한 것이니 이번 시합은 기권 하자고 하였다. 팀원들은 아쉽지만, 그러자고 하였다. 아무리 탁구클럽 선수들이 강하다고는 하지만 시합을 해보면 의외로 쉬울 수도 있었다. 하지만 쓰러진 동료를 곁에 둔 채 시합을 계속할 것까진 없다고 생각했다. 팀원들도 그 생각에 동의를 했다. 난 구급차를 따라갈 테니까 진행 본부석에 이 상황을 전달하고, 시합 다 끝나면 회원들끼리 저녁을 먹으라고 하였다. 난 그녀의 가방과 내 것을 챙겨들고 구급차에 올랐다. 체육관에서 병원 응급실까지의 거리가 아득하게 멀게 느껴졌다. 그 심각한 상황에도 난 그녀가 쓰러진 것이 믿기지 않았다. 긴장과 피로로 인해 잠시 충격을 받은 걸 거라고 생각하며 침착해지려 노력했다. 내 예측은 맞았다. 병원에 도착하기 전 그녀는 깨어났다. 장치된 산소마스크를 치우라는 손짓을 했다. 구급대원은 우려의 눈빛으로 그녀를 바라보았다. 저혈압인데 괜찮겠느냐고, 그녀는 자신의 청을 선뜻 들어줄 것 같지 않자 소리를 지르며 화를 냈다. 놀란 구급대원은 여자를 자유스럽게 풀어주었다.

"애고 *팔 쪽 팔리게스리… 기어이 일을 냈구만."

나는 민망해 하는 그녀의 눈을 피했다.

"내 병은 내가 알아요. 병원까지 안 가도 됩니다."

"일단 응급실 가셔서 진료 받으시는 게…"

"심폐소생 했나요? 혹 갈비뼈 부러뜨린 건 아니죠? 괜찮은 것 같네… 출동비 얼마죠?"

그녀는 구급대원을 정신없이 몰아대더니 현금으로 구급차 출동비를 지불했다. 그리고 체육관으로 되돌아가자고 하였다. 체육관 근처에 두고 온 차 때문이었다.

"혹시 약 드시는 것 있나요?"

구급대원의 한 사람이 그녀를 지그시 바라보며 물었다.

" *같네. 약 먹지요. 감기약, 소화제, 뭐? 변비약…?"

구급대원은 진지하지 못한 그녀의 답변에 허탈한 표정을 지었다.
"지금 상태론 운전 못해요."
나는 그녀에게 차는 몸이 좋아진 다음 날 찾아 가라고 하였다.
"괜찮아요. 멀쩡해요."
"그렇다면 내가 하죠. 괜찮죠?"
"내 차에요. 그리고 우리 집 가는 길 모르잖아요. 내 집은 내가 잘 알아요."
조금 전 구급대원에게 하던 말이 떠올라 웃음이 나왔다.
"시합은?"
"결승전 못했으니까 준우승이죠. 잘 했어요."
"다른 사람들한테 미안하네요."
"솔직히 말씀해 보세요. 정말 아픈데 없어요?"
"시합 때문에 잠을 설쳤어요. 잠 못 자고 긴장하면 곧잘 쓰러져요."
나는 그녀가 거짓말을 하고 있다는 것을 알았지만 더 이상 묻지 않았다. 난 구급대원의 눈빛에서 석연치 않은 이상한 기운을 느꼈다. 그것이 자꾸 마음에 걸렸다.

6

그녀는 쓰러졌던 사람 같지 않게 멀쩡했다. 그래서 혹시 뒤풀이에 갈 수 있을까 싶어 물으니 고개를 저었다. 하기야 죽었다 살아난 사람이었다. 무리한 요구였다.
"우리끼리 밥 먹읍시다. 뭘 먹을까요?"
"힘드셨는데 고기 합시다."
"그럽시다."
"혹 배고파서, 혈당 떨어져 쓰러진 거 아닌가요?"

"그런지도 모르죠."

한정식 집은 잘 못 가면 실망할 수 있어 고기 집이 차라리 나을 것 같아 말했는데, 의견이 일치해서 다행이었다. 평소 그녀의 성격대로라면 반드시 한번쯤은 뒤틀었을 것이었다. 몸이 약해지니까 만사 귀찮은 모양이었다. 사당동 사거리 쪽에서 지하철 공사 사무실이 있는 먹자골목 안으로 차를 슬슬 운전해 들어갔다. 고기 집 간판이 있는, 주차하기 좋은 식당을 찾아들어갔다.

"맛있는 것 먹어요. 나 땜에 고생했으니까. 아~배고프다."

그녀는 식당에 들어오자마자 식욕이 도는지 배고픈 제스처를 취했다. 하긴 그럴 만도 했다. 시합 중 점심을 김밥 하나로 요기 했으니 지칠 만도 했다. 숯불 화로가 들어오고 맛있는 꽃등심이 불판에서 익어갔다.

"일단 먹읍시다. 아무 말 하지 말고…"

난 젓가락을 들었다. 그녀는 벌써 고기 한 점을 상추에 싸 입에 넣은 후였다.

"쉰아홉 살…아들 하나 있는데 결혼했고, 남편은 열애중이고…그래서 모두 안 보기로 했어요. 숨바꼭질 중에요."

"몸이 안 좋을수록 곁에 누가 있어야 하는데…"

젓가락을 든 손이 가볍게 경련했다. 난 단순하게 생각했다.

"기력이 딸리나봅니다."

그녀는 젓가락을 든 손으로 가위 표시를 해보였다. 아니라는 표시였다. 하지만 손은 여전히 떨렸고 난 처음으로 연민을 느꼈다.

"저, 돈 잘 벌었어요. 빵 집 했거든요. 제빵사에요. 유명 베이커리 빵맛까지 제칠 만큼 맛있는 빵과 과자를 구웠지요. 돈은 죽을 때까지 써도 남을 만큼 모아놓았습니다. 그러니까 돈 걱정하지 마시고 많이 드세요."

"돈 버느라 고생 많이 하셨겠네요. 그래서 건강이 나빠지셨나요?"

"안 아프다니까."

"더 나빠지지 않게 관리하면 되요."

"환자가 아니야. 그냥 좀 피곤할 뿐이지."

까무러쳤다 깨어난 사람에게 불편한 질문은 바람직하지 못했다. 스트레스가 되어 지병이 악화될 수도 있었다. 건강에 관한 질문은 더 이상하지 않기로 하였다. 지쳐서 잘 못 먹을 줄 알았는데, 그녀와 난 조금 전 저승사자 앞에 갔다 온 건 다 잊고 먹는 데에만 열중했다. 먹으면서 난 '그녀는 돈이 없다' 를 주문 외듯이 마음속으로 되뇌었다. 어쨌든 간병인들이 알아야 할 기본적인 상황은 소통한 셈이었다. 한 가지, 병명을 정확하게 말해주지 않았지만, 간병인에게는 솔직하게 말하는 것이 환자였다. 조급하게 채근할 것 없었다. 여자들이 병명을 말하기 싫어하는 것은 자궁이나 난소, 유방에 관한 병명이다. 그것은 여성을 상징하는 것으로 평소에도 드러내놓고 말하길 꺼려하는 부위이다. 성(性)과 출산을 연상케 하기 때문이다.

7

"시간 괜찮으시면 저희 집에 들렀다 갈래요? 싫으면 말고…"

뒷말은 기분을 나쁘게 했지만 상관하지 않기로 했다. 그녀의 말투는 어디로 튈지 모르는, 말 안 듣는 사춘기 어린아이 같았다.

"사실 사는 집이 좀 멀어요. 괜찮죠?"

"그럼 탁장이 멀겠네요. 차라리 집 근처 동사무소(주민자치센터)에 다니시지…"

"전 낯선 마을을 순례중입니다. 나와 전혀 연관이 없는 동네를 찾아다니죠. 탁구도 그랬구요."

"그렇군요. 그럼 사는 집도 그런가요? 근데 지금 가고자 하는 낯선 동네는 대중교통이 있나요?"

"없어요. 하지만 걱정하지 마세요. 집까지 모셔다 드릴게요."

"콜택시 부르면 되겠네…"

"그건 나중에 이야기 하고요."

"전 간병인입니다. 제 도움이 필요하심 말씀하세요."

"전 좀 까다로워요."

"환자에게 맞추죠. 유능한 간병인들이 여럿 계십니다."

"전 환자 아니거든요."

"알았습니다."

"탁구회원들한테 미안하네요."

"다음에 잘 하면 돼요."

"결승전에 올라가기가 어디 그렇게 쉬운가?"

그녀는 우승을 못한 것이 아쉬운 듯했고, 그리고 탁구에 관해선 퍽 겸손했다.

"아쉽기는 한데…준우승했음 훌륭하지요."

"카톡 방에 좀 들어가 봐요."

난 휴대폰을 꺼냈다. 카톡 방에 수상사진과 축하 글이 예쁜 꽃들과 올라와 있었다.

샛별2동 주민자치센터 여자 1부 D조 준우승.

나는 그녀를 바라보며 웃었다. 준우승은 이미 결정되어 있었다. 새로울 것이 없는데 그녀는 감격스러운 듯 미소를 지었다. 여지 한 번도 보지 못했던 욕쟁이 여자의 다른 면, 순진한 모습이 보기 좋아니도 덩달아 미소를 지었다.

"뻔히 알면서도 이런 축하 글들이 올라오면 기분 좋아요, 그죠?"

"좋아요? 네에…좋지요."

"나 땜에 해보지도 못하고…미안해요."

"싸울 탁구클럽 강잡니다. 못 이겨요. 이기기 힘들었을 거에요."

"*팔…"

난 더 이상 할 말을 잃었다. 하고 싶지 않았다. 이 상황이 다 누구 땜에 일어났는지 모르지 않을 것이었다. 이 여자, 질 것 같으니까 혹시 쇼 한 건 아닐까? 라는 터무니없는 의혹까지 들었다. 하지만 그렇게 까지 비겁할 것 같지는 않았다.

분명 내 나이가 훨씬 위인데도 불구하고 그녀는 탁구장 회원들끼리 만나면 부르는 형님이나 언니 등의 호칭을 생략했다. 서열을 강요하는 짓은 하고 싶지 않은 터라 나는 그녀에게 계속 존댓말을 썼고, 그녀는 기분 내키는 대로 존댓말을 썼다가 반말을 썼다가 왔다 갔다 하였다. 나도 그녀에 맞춰 이랬다저랬다 하고 있지만 그녀나 나나 그런 행위에 대해선 대범한 편이었다. 물론 그녀는 탁구회원 모두에게 위아래 구분 없이, 평등하게 서열을 가리고 싶어 하지 않았다.

간병인 특유의 관심으로 이것저것 물었지만, 역시 그녀는 답변을 거부했다. 귀찮아했다. 지금 그녀는 건강한 사람인 척 하고 싶어 했다. 감추고 싶은 그녀만의 비밀이 무엇인지 알아낼 방법이 냉큼 떠오르지 않았다. 오랜 간병인 생활에서 얻게 된 직감은, 환자의 얼굴에서, 웬만한 병명은 추리해 낼 수 있다는 것이다. 그리고 그 추측은 크게 어긋나지 않았었다. 그러나 그녀는 아니었다. 처음에는 암일까? 했는데 암환자에게서 볼 수 있는 특이한 증상들이 없었다. 만약 내 추측이 맞는다면 이것은 간병 차원의 문제가 아니었다. 아는 척 하기 시작할 때부터 책임을 져야했다. 차는 산속 오솔길을 계속 달리고 있었다.

"아직 멀었을까요?"

"거의 다 왔습니다. 깜짝 놀랄 아주 작은 포구가 있는 바닷가입니다."

"바닷가요?"

"공가를 리모델링해 입주했지. 좋아~."

"혼자요?"

"나 가출했어. 남편 아들 다 버렸지. 아까 말 했던 것 같은데…"

"버림을 받은 건 아니고? 근데 여기는 몇 가구나 살까요?"

"열가구나 될까? 그것도 뚝 뚝 떨어져 있어서 사람 구경을 못해. 그래도 안 무서워…"

"배짱이 항공모함이네…"

"…?"

"그만큼 두둑하다구요."

그녀는 작은 어선 두 척이 닻을 내리고 있는 포구에 차를 세웠다. 바다라는 느낌이 얼른 들지 않는 건 포구가 너무 작아서였다. 앞 시냇가에 서있는 것 같은 협소함으로 잠시 실망했지만, 눈을 들어 멀리 향하니 넓은 바다가 펼쳐져 있었다. 서해바다는 동해바다와는 느낌이 사뭇 달랐다. 작은 섬들이 가뭇하게 보여 육지가 멀지 않은 바다를 보며 선박들은 안심하고 항해할 수 있을 것 같았다. 포구 주변은 아무 것도 없었다. 상가도 없고 모양새 좋은 집 한 채도 없었다. 조선시대 주막 같은 칼국수집이 하나 보일 뿐이었다. 곧 사라질 마을 같았다.

"왜 이렇죠? 뭐가 이렇게 아무 것도 없을까."

"그래서 좋아요. 앞으로 발전 가능성이 전혀 없는 곳이라서…"

"볼 게 없는 곳이어서... 쓸쓸해서 좋을까?"

"빙고! 다요. 아무 것도 볼게 없는 곳이죠. 바다 외에는…진 그게 좋고…우선 집을 공짜로 얻어서 좋았고…"

차를 타고 얼마 안 가서 비탈진 곳에 있는 작은 집에 도착했다.

"이렇게 비어놓고 다녀도 되나요?"

"탁구장 외에는 집에서 지내니까. 잘 안 나가요."

"집에서 뭘 해요? 탁구장이나 매일 나오지 않고?"

"와 봐서 알겠지만 이런데서 움직이고 싶을까? 들어와요."

낡은 외부에 비하면 내부에 돈을 많이 들였다는 생각이 들었다.

"쓰러져 가는 집에 투자가 과하지 않은가 싶은데…생활하기 편하게 수리 잘했네요. 멋집니다."

"몇 년은 견딘다네요. 집이 작아 얼마 들지 않았어요. 같이 살래요?"

"난 이렇게 쓸쓸한 곳은 싫습니다."

"부탁이 있어서…"

"아무 말 하지 말아요. 부탁은 하지 말고 내 도움이 필요하면 언제든지 콜 하세요."

"왜 자꾸 내가 간병인 도움을 받을 사람처럼 말하는지… 난 환자가 아니라니까."

방 하나를 거실로 사용하고 있었다. 그녀는 소파 의자에 앉기를 권했다.

"차 할까요?"

"생활하기 정말 안 불편해요?"

"직장이 있어 출근을 해야 하는 것도 아니고, 공부하는 자식이 있는 것도 아니고, 난 놀고먹는 사람인데 뭐가 불편하겠어?"

"차는 배불러서 마시기 싫네요. 배고팠다 저녁을 먹어서일까. 물이 마시고 싶네. 찬물 한 잔만…"

난 그녀와 다탁 위에 냉수 한잔씩을 놓고 소파에 앉아 마주보고 있었다.

"제가 여기까지 모시고 온 것은 부탁이 있어섭니다."

"왜 자꾸 부탁 부탁 하는지요. 부탁하지 마세요."

"좀 들어봐요. 왜 그래? 왜 내 말을 들으려 하지 않지…왜?"

여자는 마치 엄마한테 대드는 사춘기 딸처럼 고래고래 소리를 질렀다. 난 속으로 미쳤군. 난 여태까지 미친 사람하고 말하고 있었네. 하면서 여자의 발작을 지켜보고 있었다. 난 부탁이란 말을 가장 싫어했다. 정중한 부탁은 더욱 그랬다. 부탁은 거의, 내가 들어줄 수 없는, 들어주기 싫은 내용들이었다.

난 콜택시를 불렀다.

"아무 말도 하지 말아요. 내가 부탁합니다."

"내가 무슨 말을 하려는지 정말 궁금하지 않아요?"

"더 알고 싶지 않아요. 자연씨는 아무 말 하지 말아요. 우리의 인연은 이쯤에서 끝냅시다. 건강이 더 이상 나빠지지 않길 바랍니다."

"간병해 주세요."

"아프지 않다고 했잖아요. 당신은 간병을 받아야할 환자가 아닌 것 같은데…"

나는 고개를 저었다.

8

내 짐작이 맞지 않길 바라고 있지만, 만약에 그렇다면 혼자 지내게 하는 것도 위험했다. 알면서도 이대로 방치한다면 방관, 방임 죄를 짓게 될지도 몰랐다. 그렇지만 지금의 나로선 그럴 수밖에 없었다. 차라리 난 아무 것도 모르는 게 나았다.

그날 밤 이후 여자는 탁구장에 오지 않았다. 난 그녀의 생활을 눈으로 직접 보고 온 터라 오지 않는 이유를 나름대로 이해했지만, 그녀의 신변이 염려 되었다.

난 환자들을 잘 돌볼 수 있게 교육하는 간병인 교육센터 원장이었다. 간병인으로 현장에서 뛰어다닐 때 난 병으로 죽어가는 사람들을 많이 보아왔다. 그 어떤 사람의 죽음도 내게는 아픔이고 고통이었다. 난 그들이 떠날 때마다 통곡했다. 떠난 그들을 통해 나름대로 무상의 철학을 정립할 수 있는 계기는 되었지만, 죽음으로 더 이상 아프고 싶지 않았다. 하지만 난 앞으로도 일반인 보다는 더 많은 죽음을 접할 수 있었다. 난 매일, 수시로 보고를 받고 있다. 파견된 수십 명의 간병인들에게서 여러 환자의 상태를 전해 듣고 있는 것이다. 들려주는 이야기로도 생존 가능한 환자인지 곧 세상을 떠날 환자인지 대충 감이 잡히지만, 그들이 완쾌되길 진심으로, 간절히 바랐다.

그녀의 바닷가 집을 다녀온 이후 난 그녀를 어떻게 해야 할지 나름대로 생각을 해 보았지만 답이 나오지 않았다. 하루 이틀…한 달이 지나자 내 궁금증은 두려움으로 변했다. 도대체 그녀는 무엇을 부탁하려 하였을까. 핸드폰을 들여다보았다. 혹 메시지라도 와 있지 않을까. 그러나 그런 일은 일어나지 않았다. 전화를 해보았다. 받지 않았다. 한 달을 쉬었으면 한번 쯤 나타날 때가 되었는데 무소식이었다. 탁구장 회원들은 그녀가 나타나지 않는 걸 더 좋아했다. 그만두기를 바라는 회원들도 여럿 있었다. 궁금하다 생각하니 점점 더 신경이 쓰였다. 내가 그녀에게 뭐란 말인가. 탁구 동호인일 뿐인데, 가족이 있을 텐데, 내가 왜 이러는지 모르겠다고 투덜거리며 집을 아예 몰랐어야 하는 건데, 하며 택시에 올랐다. 내차를 가지고 갈 자신이 없었다. 택시 기사에게 금방 나올 거니까 기다려 달라 부탁을 해놓고 그녀의 집 벨을 눌렀다. 기척이 없었다. 고독사를 떠올렸다. 혹? 하는 순간 난 있는 힘을 다해 소리쳤다.

"자연씨! 대답해요." 라고 정신없이 외쳐대자 안에서 소리가 났다. 그녀 특유의 칼칼한 음성이 밖에까지 들렸다.

"나 안 죽었어요. 그만 소리 질러요."

그녀는 훨씬 더 수척해지고 헝클어진 모습으로 문을 힘겹게 열었다.

"뭐해요? 왜 꼼짝 안 해요?"

"*팔 내가 꼭 그래야 하는 건가? 집을 공연히 일러준 것 같아."

"놀랐잖아요."

"왜? 혼자 죽었을까봐서?"

"걱정했잖아요."

"*같네. 걱정한다고 뭐가 달라지나?"

"그럼, 안 죽은 거 확인했으니까 난 갑니다."

"*팔 왔으면 물어봐야 하는 거 아닌가. 얼마나 아팠냐고?"

"아팠어요? 그럼 왜 말 안 해요. 전화도 하지 않고…"

"내 병은 내가 아니까…"

이 상황에서 웃지 말아야 하는데 난 나도 모르게 또 웃음이 픽하고 터졌다. 무사한 것 봤으니 돌아간다고 했고, 그녀도 더 이상 붙들지 않았다.

주민자치센터 탁구교실은 넉 달에 한 번씩 다음 학기 수강 신청을 한다. 회원 확보 차원에서 한 사람이라도 더 등록하기를 간절히 바라는 때는 바로 이 시기였다. 등록을 할 것인지 그만 둘 건 지, 확인을 하기 위해 그녀에게 전화를 해본 회장은 통화가 안 된다고 내게 도움을 청했다. 나도 많이 궁금해 하고 있던 차였다. 시합 한번 같이 나간 죄로 탁구회원들은 나와 그녀가 각별한 사이라고 단정 짓고 있었다.

사람이 사는 것 같지 않은 바닷가 작은 마을은 여전히, 한없이 쓸쓸했다. 그녀는 보기 보단 상당히 감성적이었던 것 같았다. 아님 타인의 눈에 띄고 싶지 않은 비밀을 간직하고 싶어 이곳을 선택했는지도 모를 일이었다.

두어 번 와 본 곳이라 이번에는 내 차를 가지고 왔다. 그런데 그녀의 집에는 아무도 없었다. 지난번처럼 고독사를 떠올리며 소리를 지르다가 아무래도 안에 아무도 없는 것 같아 이곳의 유일한 식당인 칼국수 집을 찾아갔다

"말씀 좀 물어요."

"조 위에 있는 새 집에, 아직 사람 사나요?"

“빈 집일 거에요. 병원차가 와서 아줌마 데리고 갔습니다.”

“왜요? 쓰러졌나요?”

“누구세요?”

“친구에요.”

“친군데 모르고 계셨나요. 히로뽕이라나? 그런 중독자라고 하던데…”

“어찌 알았다고 해요?”

“그것까지야…우린 모르죠.”

시합 때 쓰러진 그녀를 돌봤던 구급대원들의 눈빛이 떠올랐다. 난 그들의 표정에서 나와 같은 느낌을 갖고 있다는 걸 알 수 있었다. 난 우선 그들을 만나보기로 하였다. 조금 있으면 그녀의 병명은 탁구장 내 뿐만 아니라 탁구 동호인 전체에 뉴스로 퍼져 나갈 것이었다.

9

사건의 전말을 어디서 어떻게 알아봐야 할지 궁리를 하고 있는 중이었는데, 그녀의 남편이 탁구장으로 찾아 왔다. 체육관에서 그녀에게 응급처치를 해주었던 구급대원을 만나러가려던 계획은 그녀를 더 힘들게 할지도 몰라 찾아가지 않기로 하였다. 아니, 그녀와의 친분으로 겪을 번거로움이 더 싫었었다.

“이오연 남편입니다. 드릴 말씀이 있는데, 요 앞 투썸플레이에서 기다리겠습니다.”

“……?”

“아, 이름을 바꿨더군요. 이자연…”

난 커피숍에서 그녀의 남편과 마주보고 앉았다.

“집 사람과 시합 같이 뛰었다고 들었습니다. 궁금하신 거 물어보세요. 그리고 잘못 알고 있는 건 바로 알려드리겠습니다."

"무슨 상관일까요? 아무 것도 알고 싶지 않은데요."

"그 사람 병원에 입원했습니다. 정확하게 수감 됐습니다."

"우리 오늘 처음, 맞지요?"

남자는 핸드폰에서 가족사진을 찾아 보여주었다. 아들과 손자까지 있는 최근 사진이었다.

"미안해요. 좀 이상하다는 생각은 들었지만 정말 거기까진 생각하기 싫었는데요. 누굽니까? 신고한 사람요?"

"누구겠습니까? 접니다. 병원 안 가려고 거기까지 간 걸, 찾아내는데 시간이 좀 걸렸네요. 주민등록은 말소되고, 운동은 안할 것 같지 않았는데, 아무 연고도 없는 지역의 동사무소로 가서 다니고, 차도 대포차로 바꿨더군요. 이름도 가명입니다."

"그렇다고 2년씩이나 못 찾아요? 필로폰은 현재도 진행 중인가요? 언제부터였어요? 진짜 이름은 오연씨구요?"

"이름이 중요한 건 아니구요."

"그렇죠. 그런 건 중요하지 않지요."

"전 외국 항공사에 다녔습니다. 조종삽니다. 퇴직한 지 얼마 안 됩니다."

"그럼 그동안 한국에 계신 날은 얼마 되지 않았겠네요."

"네…그것이 발단이었던 것 같습니다. 제과점으로 무료함을 달래 보겠다 해서 허락했는데, 잘 됐어요. 저 모르게 재테크도 잘 했던 것 같습니다. 돈은 있고 외롭고…졸부 친구들과 어울려 다니다가…, 전 외국에서 필로폰 중독자들을 자주 봤기 때문에 아내의 변화를 쉽게 알아볼 수 있었습니다. 가족의 노력으로는 치료가 힘들다는 것 알아서 마약 단속반원들한테 체포되기 전 제가 먼저 신고를 했습니다. 자수 형식이죠. 그때 집사람은 그들의 집요한 질문에 엄청 시달렸습니다. 마약 구입루트를 알아내려 얼마나 쪼았겠는지요. 그 사람 욕 잘 하는 거 아시죠? 저한테 어떤 포악을 떨었을는지 충분히 짐작 하실 수 있을 겁니다. 무지 당했지요. 이번이 두 번째입니다. 제가 또 신고할 까봐 미리 저를 피해 가출해버린 겁니다. 그 사람은 제가 퇴직하고 한국에 들어오는 걸 두려워했습니다. 그래도 이혼 말은 하지 않더군요. 집 사람은 내가 오는 게 싫어서, 깊숙이 숨어 지내려 했던 건데…, 그런데 지난번 시합에서 쓰러졌지요? 구급대원의 전화를 받고 거취를 알았습니다만 그 사람이 한 달이나 늦게 알려주었어요. 깜박했다구요."

"어떻게 선생님한테까지 연락이 갔을까요?"

"집사람이 자주 쓰러져요. 쇼크사 할까봐 집 사람이 잘 다닐만한 지역 병원 응급실이나 119 구급대에 사진을 돌렸지요. 탁구시합도 이름을 바꿔서 나오니까 구급대에 사진을 주어 부탁했습니다."

난 여자를 보호하고 지켜주려는 남자의 진심에 안심했다.

"암튼 오연씨 일은 안타깝습니다. 다른 방법이 없었나요? 꼭 그렇게 신고를 했어야 했나요? "

"잘 아실텐데요. 마약단속반의 점조직을 통과하기가 힘들다는 걸요. 몰래 숨겨놓고 치료하기가 힘들어요. 집 사람이 선생님을 찾아가 달라고 해서 왔습니다. 그 성격에도 미안 했던가 봅니다."

"뭘 자꾸 부탁하고 싶다고 했었어요. 그런데 막연히 싫어서, 듣기 싫어서 들어보지 않고 거절했습니다. 무엇인지 짐작되십니까?"

"도와달라는 부탁을 하려 했던 것 같습니다. 그걸 미안 해 하더라구요, 불가능하다는 거 알면서도 부탁드리려 했다구요. 근데 선생님은 벌써 그걸 알고 거절했던 거 아닌가요?"

"필로폰 환자는 간병해 본적이 없어서요. 저도 병원에 보내는 방법 밖에 알지 못합니다. 자연 씨는 그걸 원치 않았을 테고요. 그래서 부탁하지 말라고 하였습니다. 빨리 그 지옥에서 벗어나길 바란다고 전해주세요."

"면회, 부탁해도 될까요?"

"면회…? 자연씨가 아니니, 오연씨가 원하면요. 근데 여쭤볼게 있는데요. 오연 씨 성격이…"

"별나지요?"

"…?"

"멀쩡해 보여도 정상 아닙니다. 겪어보셔서 아시겠지만요. 원 성격도 상당히 이기적이었는데, 중독까지 되었으니… 환자한테 배려를 기대하는 건 아무래도 무리겠지요?"

"개성이 강한 분에요. 흉보려는 것은 아니구요. 오연 씨는 탁구장에서 왕따였어요. 하도 까칠하게 성질을 부려서요. 회원들이 정신질환자 같다는 말을 많이 했었어요."

"의사도 참 신기하다고 해요. 환자 말에 의하면 약물 투여는 초기인데 중독현상은 중증에 가깝다구요. 별난 성격에다 약물 중독이 플러스 되니까 오히려 의사가 혼란스러워 하드군요."

"저희들은 타고 난 성격인 줄 알았습니다. 어디로 튈지 모르는 오연씨의 말과 짜증 때문에 같이 운동하기 정말 힘들었어요. 지나치다 싶었는데 그만해서 천만다행입니다. 증상이 심하지 않으면 치료효과도 빠르겠네요."

"더 망가지기 전에 탐닉 성을 끊어주어야 하는데, 그것이 중독자들에게 가장 어려운 부분이죠."

"병원 안에 있는 탁구장에서 같이 운동하세요. 오연 씨는 잘 치시는데 남편 실력은 어떠실까요?"

"그 사람은 제가 기르쳤어요. 저 이래 배도 중고등 탁구선수였습니다. 내가 한국에 없는 동안 외로움을 탁구로 달래보라고 가르쳤는데, 재미없었나 봅니다. 엉뚱한 곳에서 행복을 찾고 있었습니다."

"어쩐지…오연 씨 실력이 상당하다 했어요."

"반사 신경이 발달한 편입니다. 순발력도 좋고… 승부욕도 강하구요."

"아~그렇군요. 욕 잘하는 오연 씨! 독하게 잘 견뎌낼 거라고 믿어요. 영리하니까요. 남편께서 잘 돌봐 주실 테구요. 전 우울증을 탁구로 고쳤습니다. 아직 불완전하기는 하지만, 의사의 권유로 시작했거든요. 오연 씨가 탁구에 지금 보다 더 몰입할 수 있으면 반드시 이겨낼 수 있을 것 같습니다. 남편만 믿겠습니다."

남편을 만난 후 그녀에 대한 궁금증이 조금 풀리는 듯 했다. 남편을 위로한답시고 결국은 그녀의 인격에 흠집만 낸 것 같아 좀 미안했다.

다음 날 난 탁구장 회원들에게 그녀가 병원에 입원을 하게 되었다고 전했다. 물론 아무도 안 궁금하고 안 물어볼 소식이었다. 더욱이 시합 때 체육관에서 쓰러진 것을 본 그들이었다. 새삼스러울 것 없다는 반응이었다. 빈 말이라도 어디가 아픈 거냐고, 어느 병원에 입원했느냐고 묻는 회원도 없었다. 무슨 인연인지 몰라도 이유 없이 그녀에게 스스로 시달렸던 나는, 그녀를 돌봐줄 남편의 등장으로 한시름 놓았다. 이제부터 난 그녀를 만나기 이전에 평온했던 나로 되돌아갈 것이었다. 그녀의 식대로 표현한다면 아픈 건 그녀니까.

아동문학

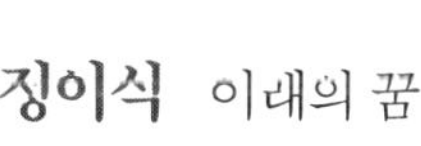

징이식 이래의 꿈

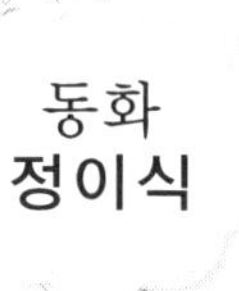

동화
정이식

이래의 꿈

1

"지진이다. 모두 책상 밑으로."

이제는 길이 들었다. 이번 주만 해도 그렇다. 벌써 몇 번째인지 모른다. 아이들은 훈련 아닌 실제상황 임에도 시키지 않아도 잘한다. 흔들림은 잠깐이다. 책상 밑에 들어가기 비쁘게 선생님은 다시 나오라고 하였다.

"소란스레 굴지 말고, 조용조용히 운동장으로 나가도록."

사흘 전에는 지금보다 더 큰 지진이 있었다. 규모 5.3의 지진은 바닥이 크게 흔들리며 윙, 하는 소리가 귓전을 때렸다. 그때보다는 약하단 느낌이 들었다. 안전처에서 문자가 바로 왔다. 규모가 4.8이란다. 규모 5.6의 큰 지진이 일어나며 시작된 지진에 대한 두려움은 1년이 지나면서도 사그라지지 않았다. 잊을 만하면 다시금 몰아치는 여진으로 학교는 하루도 편한 날이 없었다.

"시내야. 이래는 어디 갔어?"

머리 위에 책가방을 인 효진이가 내게로 다가왔다.

"글쎄? 교실 안에서는 보였는데."

- 1954년 경남 산청 출생.
- 문학사랑 신인작품상. 경남신문 신춘문예 동화 당선.
  한국인터넷문학상. 근로자문하제수필 은상.
  글동네 2002문학상 대상. 샘터작가상 수상
- 한국문인협회. 경남아동문학회. 한밭아동문학회.
- 대한사이버문학 동인, 진주 하대동거주.
- Tel : 010-4800-1623 / E-mail : cis1623@hanmail.net

이래는 4학년답지 않게 몸집이 크고 다리까지 절기에 멀리서도 눈에 잘 뜨인다. 그러기에 먼저 나왔다고 해도 운동장을 벗어나진 않았을 텐데 보이지 않았다.

"혹시, 갈선이 따라가지 않았을까?"

"맞아. 이래는 박갈선이한테 꼼짝 못하잖아."

효진이는 새로운 사실을 알게 된 것처럼 무릎을 탁, 쳤다. 갈선이 이야기만 하면 효진이의 두 눈에는 빛이 어른거린다. 효진이 말을 빌리면 갈선이는 비밀의 화원에 사는 외계인이다.

멀지 않은 곳의 느티나무 뒤에서 나오는 이래가 보였다. 효진이에게는 말하지 않았다. 움직임이 더딘 이래가 자신의 안테나를 벗어나지 않았다는 것쯤은 똑똑한 효진이가 먼저 알고 있을 터이다.

"갈선이는 지진만 나면 집에 간다며 달려갔어."

처음 아는 사실도 아닌데 효진이는 진지하게 이야기한다.

"선생님께 보고도 안 했어."

"집에 꿀단지라도 있나? 지진이 나면 운동장 같은 넓은 곳에 나와 있으라던데. 갈선이는 반대야."

"갈선이는 그렇다 치고 이래는 왜 갔어?"

"시내 너 뭘 모르는구나? 이래는 갈선이한테 쥐여 지내잖아."

효진이는 모르는 것이 없다. 그래서 별명이 안다니 박사다.

"안다니 효진님아. 말나온 김에 우리 학원 빼먹고 갈선이 찾아 가 볼래?"

언덕을 넘어가면 강이 나온다. 강어귀엔 은사시나무가 우거졌고 그 뒤로 강을 바라보고 있는 마당이 넓은 집들이 있다. 사나운 개가 집집이 있어서 근처에만 가면 무섭게 짖어댄다. 미리부터 겁먹은 아이들은 그래서 얼씬도 하지 않는다. 집이 버섯처럼 생겼다고 버섯 집이라 부르는 그곳 마을에 갈선이는 살고 있다. 아무도 갈선이 집에 가본 적은 없지만, 누구나 갈선이가 사는 커다란 버섯 집은 안다. 고집이 세고 앙칼져서 갈선이를 좋아하는 친구는 별로 없다. 그런 갈선이에게 새 친구가 생겼다. 그 친구는 여기보다 더 시골에 살다가 전학 온 바보처럼 생긴, 아니 바보가 분명한 이래다. 갈선이와 이래의 이야기는 비밀 아닌 비밀로 친구 사이에 떠돌았다. 수업이 끝나고 같은 방향으로 갔다거나 둘이 언덕 위에서 앉아있는 것을 보았다느니. 확인할 수 없는 소문이 무성했다.

"갈선이네 마을? 그것 좋은 생각이네. 말이 난 김에 실천에 옮기자."

효진이가 기다렸다는 듯 말을 받았다. 색다른 걸 즐기는 효진이의 버릇에 내가 기름을 부은 격이다.

더 이상의 지진은 감지되지 않았다. 운동장에서 수업을 끝내고 효진이와 나는 후문으로 돌아 나왔다. 같은 학원에 다니는 아이들은 피해야 했다.

"땡땡이치니 기분은 좋지?"

효진이는 발끝에 걸리는 풀을 걷어차며 하늘을 보고 두 팔을 벌렸다. 효진이의 카키색 원피스 자락 사이로 지나가는 시원한 바람이 보이는 듯했다. 3학년 때부터 같은 마을에 살며 단짝이 되었지만 이렇게 좋아하는 모습은 또 처음이다.

"학원이 없으면 좋겠다."

"그래, 공부가 제일은 아니라면서 학교 끝나면 학원 또 학원. 지구를 떠나고 싶어."

신나기는 나도 마찬가지다. 언세 이렇게 마음 놓고 들길을 걸어보았지? 생각해보니 참 오랜만이다. 엄마에게 꾸중을 듣더라도 우선은 뒤다. 길가의 쑥부쟁이를 한 아름 꺾어 휘휘, 효진이의 머리 위에 휘둘렀다.

"효진아. 저기, 저기."

산등성에 올라서자 한참 아래쪽에 누군가의 모습이 보였다. 입은 옷이 부대자루처럼 풍성한 것을 보니 틀림없는 이래다.

"이래 아냐? 왜 이 길로 가지?"

"이래의 집은 아무도 몰라. 학교 버스를 타지 않으니 그저 학교 근처에 사는 줄만 알지."

"효진아. 저쪽은 부자 동네야. 이래와는 거리가 멀어."

알 수 없는 일이다. 갈선이가 아닌 이래를 여기서 보게 될 줄은 꿈에도 생각 못 했다. 일단은 이래의 뒤를 따르기로 하고 효진이와 나는 길을 벗어나 산속으로 몸을 숨겼다. 넓은 옷자락을 펄럭이며 내려가는 이래가 요술을 부리는 도사처럼 보였다. 이래는 잘 가면서도 한 번씩 뒤를 돌아보며 확인을 하여서 우리는 쉽사리 길로 나서질 못하였다. 강둑 못가서 넓은 길이 나왔다. 이래는 부쩍 자란 질경이가 빼곡하게 들어찬 빈터 앞에서 잠시 멈칫거렸다. 혹시나 해서 앞선 효진이의 옷자락을 당기었다. 이래는 흘끔거리듯 주위를 둘러보더니 다시 발걸음을 옮기어 오른쪽 낮은 언덕으로 올라섰다.

"무얼 훔치려나 봐."

언덕 바로 아래의 버섯 집 담벼락에 기대어선 이래의 입술은 꽉 닫혀서 야무지게 보였다. 그런 이래가 무섭게 보여 몸이 부들거리며 떨려왔다. 효진이의 손을 꼭 잡았다. 효진이는 의외로 덤덤했다. 돌아보며 싱긋, 웃기까지 했다.

"설마. 이래는 장애인이잖아."

"아냐. 효진이 너 뭘 모르시네. 이래는 평시엔 절지만 급할 땐 아냐."

학교 뒷길을 돌아가면 야트막한 언덕이 나온다. 언덕엔 이름을 알 수 없는 들꽃이 지천으로 피어 있다. 향기도 좋아서 가끔이지만 나는 밑그림을 그리러 화판을 메고 갔었다. 이곳에서 이래를 만났다. 무엇이 들었는지 통통한 책가방을 힘겹게 메고 가쁜 숨을 쉬고 있었다. 언덕 뒤로는 갈림길이 있어서 이래는 강가 아니면 수내리

쪽에서 바삐 왔음이 틀림없었다. 옷을 갈아입지 않은 걸 보면 온 곳은 집은 아니지 싶었다. 모자를 쓰고 목에 수건을 둘렀다. 이래가 가려는 곳엔 땀을 흘려야 할 만큼의 힘든 일이 있고 그 일은 건설과 같은 일일 것이다. 효진이와 친하며 배운 내 추리력이었다.

"어? 시내야. 너, 너. 여긴."

말을 더듬거리는 걸 보니 내가 알면 안 되는 갈선이보다 더 큰 비밀이 있음이다. 그럴수록 나의 궁금증은 더해갔다. 부러 슬쩍 넘겨짚었다.

"조금 전 갈선이가 수내리로 가던데. 오다가 못 보았어?"

걸렸다. 이래는 주춤거리더니 주위를 둘러보았다.

"너. 갈선이한테 내 말 하지 마. 알았지?"

돌아설 내가 아니었다. 한 발 더 이래의 생각을 앞질렀다.

"곰이래. 갈선이가 이름처럼 너는 덩치만 크지 아무짝에도 쓸모없는 바보 인간이라고."

사실은 갈선이가 아닌 내 생각이다. 공이래. 이게 이래의 본이름이다. 수상한 이름값을 하려는지 이래는 정신이 산만하여 엎지르고 넘어지고를 잘해서 반 친구들 모두가 바보 곰이래라고 불렀다. 바보가 맞는지 아무도 없는 산길에서 자기보다 한참이나 작은 여자애가 비아냥거려도 아무렇지 않은 표정을 지었다. 이러니 갈선이도 이래를 우습게 볼 수밖에는. 하지만 내 생각은 쓸데없는 걱정이었다. 밟으면 지렁이도 꿈틀한다는 효과가 대번에 나타났다. 이래는 두 볼을 씰룩이더니 주먹을 불끈 쥐며 내게 꼬나들었다.

"시내, 너 말 다 했어? 화가 많이 난다."

"그래도 남자라고. 갈선이 한테는 쥐어 터지면서 나한테는 이기련?"

말은 했지만 아차 했다. 갈선이가 이래의 정강이를 걷어차는 걸 우연히 보았었다. 이래의 손에 든 무엇인가를 빼앗았는데 그게 돈

일지 모른다는 생각을 했었다. 이래는 눈을 부라리며 화난 표시를 냈지만, 더 바보처럼 보였다. 내가 물러서지 않고 대들 듯이 가까이 가자 이래가 등을 돌렸다. 되돌아가나 싶더니 다시 돌아섰다.

"바보라고 놀리지 마. 나에게도 꿈은 있어. 두고 봐."

'꿈? 바보에게 갈 꿈이 어디 있다고,' 혼잣소리 할 때에 이래는 수내리가 아닌 버섯 집이 있는 강가 길로 내려갔었다. 어찌나 빠른지 다람쥐 같다는 생각을 했었다.

내 말은 틀리지 않았다. 이래는 주위에 아무도 없음을 알자 다람쥐처럼 나무를 타더니 훌쩍, 담 아래로 뛰어내렸다. 우리 반에서 몸집이 제일 크고 또 다리를 절고 동작도 제일 굼뜬 이래가 어쩜 저렇게 날렵하게 담을 넘을 수 있을까? 이래의 행동에 대해 내 의심은 자꾸만 깊어갔다. 효진이와 나는 나무 밑으로 달려갔다. 날렵한 효진이도 담장의 높이를 보더니 혀를 내 둘렀다. 우리 기술로는 절대로 담을 넘을 수 없었다. 어디선가 감미로운 향기가 몰려왔다. 올 때는 미처 몰랐지만 이래가 딛고 간 나무가 자귀나무였다. 부챗살처럼 펼쳐진 붉은 꽃잎에서 복숭아 닮은 향기가 은은하게 퍼져 나왔다. 효진이는 코를 흥흥거리며 혹시나 하여 자귀나무 사이에 발을 들이밀었다. 담의 높이는 비슷했으나 안쪽 아래가 너무 깊어서 다리가 길다고 자랑하는 효진이도 어쩔 수는 없었다. 이래를 따라 담장을 넘는 짓은 포기하였다.

"시내야. 잠깐만 쉬자."

대문 앞을 벗어나 강가의 은사시나무 아래에 오자 효진이가 말했다. 효진이의 본마음이 아니란 걸 나는 알고 있었다. 호기심 천국인 효진이가 여기서 물러설 리가 없다. 효진이를 따라 길가에 퍼지르며 앉았다.

"이래가 담 넘어간 저 집은 분명히 갈선이네 집인데."

효진이는 턱을 괴고 양 눈을 지그시 감았다. 추리만화에서 보던 탐정의 모양새를 흉내 내는 것 같아서 키득거리며 웃자 효진이가 눈을 떴다.

"도둑질은 아니고. 맞아. 저 집은 공이래 집이야."

"뭐? 이래네 집이라고? 말도 안 돼. 이래 아빠는 벽돌 쌓는 일로 날품을 파는데 어떻게?"

효진이가 고개를 돌려 나를 노려보았다. 그런 걸 네가 어찌 아느냐며 눈 흘김을 주었다.

"감추려는 거야. 있으면서도 없는 척하는."

"언제는 갈선이네 집이라더니? 너 탐정 내려놓아야겠다. 말의 앞뒤가 안 맞잖니."

"한집에 살 수도 있잖아. 4촌이라던가."

"자기 집이면 대문으로 당당하게 들어가지. 이래는 아니야. 무언가 우리가 모르는 비밀이 있어. 틀림없어."

비꼬는 말인데도 효진이는 싫지 않은가보다. 입가에 뜻을 알 수 없는 웃음을 흘리며 슬그머니 일어났다. 나는 효진이 앞에 너저분하게 피어있는 질경이 꽃을 손 가는 대로 휘두르며 훑어 따서는 '후후' 입김으로 날려 보냈다. 멀뚱히 큰길 쪽을 바라보던 효진이가 갑자기 몸을 돌렸다.

"갈선이다. 어서 숨어."

내 팔을 당기어 나무 뒤로 돌아섰다

"저기, 저기 오고 있잖아."

효진이가 가리키는 곳에 커다란 가방을 등에 진 갈선이가 보였다. 가방은 크기만 컸지 바람이 빠진 것처럼 홀쭉했다. 길가에 숨은 우리를 모른 채 갈선이는 활짝 열린 버섯 집안으로 들어갔다.

"시내야. 그만 집에 가자."

갈선이가 보이지 않자 효진이는 시무룩해졌다. 엉덩이를 털며 일어났다.

"가다니? 효진이 답지 않네."

"늦었어. 해가 지고 있잖아. 오늘만 날이 아니야."

그래도 아쉬움이 남는지 돌아오는 길에 효진이의 고개는 자꾸만 뒤로 돌려졌다.

2

지진은 강도가 내려갔으나 다음날도 계속되었다. 잦은 지진으로 대피에 이골이 난 학교는 안전처에서 보내오는 문자에도 신경이 무뎠다. 수업을 중단하지 않았지만 지진 규모에 대해선 교내스피커를 통하여 전달되었다. 쉬는 시간이면 아이들 이야기는 당연히 지진에 대한 것들로 넘쳐났다. 효진이는 달랐다. 나서길 좋아하는 버릇이 언제 바뀌었는지 책상 앞에서 떠나지 않았다. 턱을 괴고 멍하니 칠판만 바라보았다. 누군가가 정신 나갔느냐며 앞에 서서 머리에 동그라미를 그려도 대꾸도 안 하였다. 그런 효진이가 수업이 끝나기 바쁘게 나를 찾아왔다.

"범인을 찾았다. 어서 따라와."

내가 미리 준비하고 있던 것처럼 쉽게 효진이의 뒤를 따르자 아이들이 이상해하며 쳐다보았다.

"버섯 집에는 갈선이가 살지 않아."

심각한 표정을 지으며 효진이는 나를 근처 나무 밑으로 몰아세웠다.

"또 그 생각이야? 뭔 살판이라도 났어?"

비아냥거려도 효진이는 얼굴 한번 찡그리지 않았다. 내 말엔 관심이 없는 듯 저 할 말만 했다.

"갈선이네 집이 아니란 증거는 갈선이가 메고 있던 가방에 있어. 갈선이는 학교에서 바로 집으로 갔어. 집에서 물건을 많이 담을 수 있는 다른 빈 가방을 가지고 온 것이지."

"고물 수집하는 것도 아니고 빈 가방은 왜 메고 다니나? 이번 추리는 좀 거식한데?"

눈을 찡그리며 우스갯소리를 하자 효진이가 대들 듯 내 앞을 막아섰다.

"거식해? 흥. 갈선이가 입은 옷이 어른들 입는 몸뻬라고 불리는 일 바지란 사실은 어떻게 설명할래?"

"옷이야 뭐…."

말꼬리를 흐리는 데 누군가가 뒤에서 소리쳤다.

"시내야. 차왔어 빨리 와."

어제도 빼먹었다. 엄마에게 들키면 야단맞는다. 빤히 쳐다보는 효진이를 뒤로하고 학원 버스가 있는 쪽으로 달음질을 놓았다.

"반편이 곰이래가 우리 집에 왔더라."

내가 앉길 기다렸다는 듯 정오가 말했다. 정오는 같은 반이 아니라서 아는 척도 안 하고 지내는데 누가 보면 짝지라도 되는 줄 알겠다.

"이래 이야긴 듣고 싶지 않아."

정오의 말투에 가시가 비쳤다. 대꾸하기 싫어서 말을 잘랐다.

"이래 아빠가 우리 집 담을 고쳤는데, 미처 챙겨가지 않은 연장을 찾으러 왔다던데?"

"연장?"

연장이란 말에 귀가 번쩍 뜨였다. 언덕길에서 이래와 마주쳤을 때 이래는 울퉁불퉁한 무엇인가가 든 가방을 메고 있었다.

"혹시. 그 연장. 이래가 책가방에 담아가지 않았니?"

"응, 빈 책가방에 담는데 너무 많아서 억지로 넣었어."

"그래서. 이래는 어디로 갔어?"

"어디 가긴? 집으로 갔겠지."

이름을 모르는 정오 친구가 뒷자리에서 우리 이야기를 엿들었다.

고개도 돌리지 않고 그 친구에게 되물었다.

"이래 집은 강가에 있어. 이래는 그리 안가고 윗마을 수내리 쪽으로 갔을 걸?"

"어? 시내 너 박사네? 맞아. 이래가 수내리로 가기에 왜 그리 가냐 물었거든?"

뒷이야기는 안 들어도 뻔했다. 이래는 아무 말도 하지 않았을 것이다.

학원수업이 끝났다. 하필이면 또 정오와 같은 자리에 앉았다. 얼굴을 찡그린 나와는 달리 정오는 신이 났다. 앉자마자 미처 못다 한 이래 이야기를 꺼냈다.

"곰이래가 얼마나 바보인지 책가방이 찢어지는 것도 모르고. 히히."

끝말을 잇지도 않고 웃음부터 터트렸다. 이래는 바보짓을 더러 하지만 남에게 피해를 주지 않는다. 잘 알면서 흉을 보는 정오가 미웠다.

"정오 넌, 반장이잖아. 안 본다고 흉보는 거야? 다시 봐야겠어."

정오의 낯빛이 빨개졌다. 나를 보던 눈길을 슬그머니 차창 밖으로 돌렸다.

"앗! 시내야. 저기, 이래다."

이래 소리에 화들짝 놀랐다. 정오가 가리키는 손끝의 그리 멀지 않은 곳에 이래가 보였다. 두 명의 남자아이들이 이래를 밀치며 혼을 내고 있었다.

"아저씨. 잠깐 세워요. 얼른 요."

문가로 나가며 큰소리를 치자 기사아저씨가 버스를 세웠다.

"정오. 너 나를 따라와. 아저씨. 우리 걱정하지 말고 그냥 가세요. 나중 택시 타던지 할게요."

정오의 손을 잡아끌며 버스를 내렸다. 밭두렁을 타고 달려가자

겁먹은 이래는 책가방을 내던지고 줄행랑을 놓았다. 큰 몸집에 다리까지 절어서 잡으려면 금방이지만 어쩐 일인지 두 아이는 따라가지 않았다.

"기섭이 아냐? 뭐 하는 짓이야?"

정오의 마당발은 알아줘야 했다. 나는 전혀 본 적이 없는데 두 아이는 정오를 반가워했다.

"저앤 내가 잘 아는데 바보거든? 못살게 굴면 안 돼."

눕혀둔 자전거를 세우며 키 큰 아이가 말을 받았다.

"저 자식이 길을 비켜주지 않잖아."

자전거를 타고 가다가 좁은 길에서 앞서가는 이래를 만났는데 비켜주지 않고 우물쭈물하기에 혼 내주는 중이란다. 이래는 이미 두 배미쯤의 밭두렁을 지나가고 있었다.

3

일요일은 학원이 쉬어서 좋다. 모처럼 늦잠을 자고 게으름을 잔뜩 피웠다. 가만히 앉아있는 멍 때리기가 요즘 유행이다. 핑계 삼아 오전 내 침대에서 뒹굴었다. 효진이가 불러내지 않았다면 오후에도 나의 멍 때리기는 계속되었을 것이다. 강 둔치의 뽀얗게 일고 있는 물보라 곁에서 효진이는 나를 기다렸다. 곁에 다가가도록 어디론가 쏘아보는 눈길을 거두지 않았다.

"뭐야? 언니가 자전거를 두고 갔으니 망정이지. 이런 곳에서 사람을 불러내?"

투덜거리는 내 소리가 들리지 않는지 효진이는 말뚝처럼 꼼짝하지 않았다. 싱거워진 나는 효진이의 눈길을 좇아 강 위쪽을 바라보았다.

"아니? 갈선이 엄마잖아?"

"잘 봐. 이래도 있어."

갈선이 엄마는 버섯 집 대문 앞에 주저앉아 있었다. 그 주위를 경찰이 둘러쌌다. 사람들은 부지런히 소파며 책상이며 집안에서 꺼내어 트럭에 옮겨 실었다.

"무슨 일이야. 쫓겨나는 거야?"

효진이는 아무 말 않고 내 팔을 당기며 강 위쪽으로 올라갔다. 일이 벌어지고 있는 버섯 집 옆 둑 위에 엎드리며 말을 쏟아 냈다.

"너. 정오 알지? 이래하고 같이 만났다며?"

밭두렁에서 이래를 본 것을 말하나 보다. 효진이의 말을 끊기 싫어서 고개만 까딱거렸다.

"정오네 집은 수내리야. 이래가 밭두렁에 두고 간 가방을 정오는 자기 마을에서 다시 보았데. 수내리 안골의 늪지가 끝나는 야산에는 강가 신개발지에서 밀려 나온 세입자들이 살고 있잖아. 정오네 집이 거기서 멀지 않는 곳에 있거든? 아침에 이래의 가방을 싣고 자전거 한 대가 수내리로 들어왔어. 책가방에 이상한 물건이 들어서 멋대로 삐죽이며 튀어나온 이래의 가방을 기억하고 있던 정오는 놀랐다는 것이지. 단발머리의 묘하게 생긴 여자애가 수내리 안쪽으로 가더란다,"

"갈선이야. 맞지? 갈선이."

"정오가 본 여자애는 갈선이야. 문제는 갈선이와 이래의 연결고리인데 이제야 답을 찾았어."

가구를 실은 트럭이 떠나가고 경찰도 철수하려는지 주위를 돌아보고 있었다. 커다란 버섯 집의 대문이 닫히며 이래의 얼굴이 잠시 보였다. 힘없이 퍼지르고 앉아있는 엄마를 끌어안은 갈선이는 울고 있었다.

4

"갈선이. 갈선이 찾아봐."

효진이가 소리쳤지만 나는 눈을 뜰 수 없었다. 뱃멀미하듯 속이 메슥거리고 머리가 어지러웠다. 교실도 책상도 마구 흔들리며 어디선지 유리창 깨지는 소리도 들렸다. 책상 밑에서 머리를 껴안았지만 윙윙거리는 소리만 들려올 뿐 효진이의 다음 말은 들리지 않았다.

"매우 큰 지진입니다. 책상 밑이나 교탁 밑으로 들어가서 머리를 숙이고 무엇이든 단단히 붙잡고 선생님의 다음 지시를 기다리세요."

교내 스피커를 통하여 들려오는 교장선생님 목소리도 흔들렸다. 이러다 교실이 통째로 무너지지 않을까 무서운 걱정에 눈물이 주르륵 흘렀다. 몇 번인가 으르렁대던 울림이 멈추었다. 교탁 밑에서 나온 선생님은 모두 운동장으로 나가라고 소리쳤다. 훈련도 훈련이지만 실지 상황도 여러 번 겪은 뒤였다. 아이들은 시키기도 전에 먼저 책가방을 머리에 이고 조심스레 운동장으로 나갔다.

"내 말 못 들었어? 갈선이가 안 보여."

그때에야 누군가가 자꾸 갈선이 이름을 불렀다는 생각이 돌아왔다. 효진이었다. 뒤를 따라오며 연신 주위를 두리번댔다.

"내 코가 석 잔데 갈선이를 어찌 찾아?"

"너, 울었구나? 바보같이."

와중에도 웃음이 나오는지 효진이는 싱글거리며 머리에 인 책가방을 둑둑 건드렸다. 부끄럽기도 하여 얼른 눈물을 닦았다. 갈선이는 둘째 치고 이래도 안 보였다. 동작이 굼뜬 이래가 먼저 나갔을 리는 없다. 운동장에 나와서도 이래는 찾아지지 않았다.

"이전시간에는 있었어."

"지진이 시작되며 나간 건 아닐까?"

"그럴 수도 있지. 그땐 모두 숨기 바빠서 누가 나가도 알 수가 없지."

효진이의 머리 굴리기가 또 시작됐다. 쪼그려 앉아 손바닥으로 뺨을 만지며 눈을 감았다.

"갈선이는 조퇴했어. 이래는 지진이 시작됨과 동시에 학교를 빠져나갔고."

효진이는 눈을 뜨더니 벌떡 일어났다. 먼지구름이 뽀얗게 일고 있는 산 너머를 바라보았다.

"수내리야. 수내리 엉성하게 지은 집들이 무너졌어."

효진이 말이 아니라도 수내리 쪽의 벽돌집은 늘 마음에 걸렸다. 교실을 나오며 피어오르던 먼지구름을 보며 누군가가 '수내리다' 하고 고함도 쳤었다.

"일주일 전의 규모 5.3에 이어 규모 5.7의 이번 지진은 국내에서 일어난 지진 중 가장 크다고 합니다. 허술한 담장과 오래된 목조가옥이 대체로 피해를 당하고 있으며 일부에서는 지붕 위의 기와가 떨어지어 다친 사람도 있습니다."

마을 확성기에서 나오는 방송을 들으며 아이들은 두려움에 떨었다.

"쿵."

건물이 무너지는 것 같은 큰 울림이 들려온 건 그때였다. 조금 전보다 땅이 더 크게 흔들리며 아이들이 모두 한쪽으로 쏠렸다. 학교가 춤추듯 어지럽게 흔들렸다. 아이들은 너나없이 비명을 질렀다.

"갈선이가 탈이 났어. 빨리 가자."

무서워서 머리 위에 이고 있는 책가방에 깍지를 끼고 고개를 수그리고 있는 내 팔을 효진이가 잡아끌었다. 여진 탓인지 일어나서도 중심을 잡지 못한 내 몸은 마구 흔들렸다.

"이 판국에 어디로 간다고?"

그러면서도 나는 효진이에게 이끌려 교문을 벗어났다.

"경주 남 남쪽 8km가 진원지인 이번 지진은 규모 5.9의 초강진입니다. 기상청과 한국지질자원연구원 지진센터 등에 따르면 한반도 관측 역사상 가장 강력한 지진으로 기록될 것이랍니다. 지진이 감지되는 곳에 사는 주민들은 쿠션이나 방석 등 머리를 보호할 수 있는 물건을 찾아 머리에 이고 가까운 빈터나 학교운동장으로 대피하시기 바랍니다."

마을 확성기는 아예 라디오방송을 중계하고 있었다. 효진이는 방송을 들으면서도 문방구 골목을 지나 낮은 언덕에 올라설 때까지 말 한마디 하지 않았다. 멀리 강가 길에서 달려오는 소방차의 사이렌 소리가 산울림을 타고 들려왔다.

"우리 학교와 이웃해 있는 마을의 집은 지은 지 5년이 넘지 않았어. 내진 설계는 안 되어도 그만큼 단단하다는 이야기지."

"그게 뭔 고민거리니? 효진이 너희 집도 야물기론 둘째 안 갈걸?"

"문제는 수내리야. 이 정도면 어수룩한 집들 다 무너졌을 거야."

아차. 싶었다. 효진이의 초점은 수내리와 갈선이라는걸 미처 생각하지 못했다.

"저 먼지구름 봐. 맞아 수내리야."

여진이 멈추었는지 흔들림이 없어졌다. 뽀얗게 피어오르는 먼지구름을 바라보며 또 깊은 생각에 빠져들던 효진이가 내 팔을 다시 잡았다.

"뭔가 큰일이 생겼어. 빨리 가자."

그때였다. 갑자기 마을 쪽에서 웅성거리는 소리가 들려오더니 사람들을 가득 태운 작은 트럭이 달려왔다. 트럭 뒤로는 삽이며 괭이를 든 몇몇 어른들도 따라왔다. 효진이와 나도 사람들 틈에 섞이며 갈림길을 벗어났다.

"너희들 수내리 사니?"

문방구 아줌마가 아는 척을 했다.

"아니에요. 그쪽에 친한 친구가 있어요."

"수내리가 지진으로 쑥대밭이 되었다는구나. 내 친척도 있는데 전화도 먹통이고."

"습지 안쪽의 무허가 벽돌집 말이지요?"

"그래. 강가의 버섯 집 지으며 쫓겨난 사람들이지. 몹쓸 땅만 주고 집은 안 지어주니 어쩌겠니?"

"효진아. 갈선이네 집도 무사하지 못하겠네?"

힐끔거리던 아줌마가 내 말을 받았다.

"갈선이라면 단발머리 한 여자애 아니니? 외상값이 있어서 내가 아는데."

"갈선이가 외상을 해요? 그 애는 부잣집에 사는데."

"응, 너희가 뭘 모르는구나. 갈선이는 원래 수내리가 집이 아니야. 강가 버섯 집에 살았는데 아빠의 사업이 망하며 빚에 집이 넘어간 거야."

효진이를 바라보니 웃고 있었다. 나는 몰랐지만, 자신은 다 알고 있었다는 뜻이다. 효진이의 옷자락을 당기어 부러 아줌마에게서 멀어지게 했다.

"수내리의 집이 무너지며 누가 깔린 모양인데 길이 없어서 구조차가 못 들어간대."

문방구 아줌마는 우리가 따라가지 않는 것도 모르고 수내리 이야기에 열을 올렸다.

"효진아. 너는 알았지? 이래가 들어간 집이 갈선이네 집이라는 것,"

"방금 들었잖아? 문제는 갈선이가 아니고 이래야."

효진이는 자신이 가지고 있는 추리력을 총동원하여 갈선이와 이래의 관계를 설명했다. 마치 눈앞에서 일어난 일처럼.

"강가의 버섯 집엔 당연히 갈선이가 살고 있었어. 나도 아빠에게 들었는데 올봄에 갈선이 아빠 하는 일이 잘못된 모양이야. 빚을 못 갚아서 버섯 집이 은행에 넘어갔어."

기름통이 터지는지 펑 소리와 함께 새빨간 불길이 수내리 마을에 치솟았다. 뽀얀 먼지를 뒤집어쓴 119구조대원이 뒤로 물러서는 모습이 또렷이 보였다. 숨이 달아올랐다. 잰걸음으로 앞서서 내려가는 효진이가 다시 말을 이었다.

"이래가 전학 온 그달에 있었던 소란을 기억하지?"

"이래? 봄이래 사건 말이니?"

이래로 인하여 반 전체가 떠들썩한 일이 올봄에 있었다. 그리기 야외수업이 있어서 강 아래 둔치로 갔을 때였다. 선생님은 봄을 그림의 제목으로 주셨다. 준비물은 크레파스와 도화지라서 화판을 가져온 아이들은 모두 강을 바라보고 앉아 그림을 그렸다. 이래는 멀찌감치 떨어진 은사시나무 아래에 혼자 앉아 강물이 아닌 잡초가 무성한 늪지를 멀거니 바라보고 있었다. 그런 이래를 관심을 가지고 바라보는 아이는 아무도 없었다. 이래는 선생님이 그림을 거둬들일 때 1등으로 냈다. 이래의 그림을 받아든 선생님은 한참이나 이래와 그림을 번갈아 바라보았다,

"공이래. 이건 어느 나라 봄이니?"

이래는 말도 못 하고 쭈뼛내너니 얼굴을 붉히며 고개를 숙였다.

"봄은 밝은 색이어야 하는데 어째 넌, 까맣게 칠했냐?"

선생님은 이래의 도화지를 모두에게 보여주었다. 어디 한 곳 빼꼼함이 없도록 검은색이 도화지 전체에 칠해져 있었다. 손가락으로 칠을 밀었는지 이래의 엄지도 시커멓게 변해 있었다.

"내가 첫돌 때 그린 그림과 같네. 히힛."

누군가 이래에게 핀잔을 주자 아이들이 와, 하고 웃음을 터트렸

다.

"알 수가 없는 이래의 봄이야."

선생님은 말했었다. 그날부터 공이래는 곰이래와 같이 봄이래라고도 불렸다.

"아이들은 그날 이후로 이래를 아무짝에도 쓸모없다며 놀리기 시작했지. 시내 너도 같은 생각이니?"

"뭘 말이야?"

얼굴이 붉어졌다. 효진이에게 내 생각이 들켜진 것 같았다. 이래 앞에서 어리석다며 흉보기도 했었다.

"이래가 그린 검은 그림말이야. 시내 넌 그림엔 고수잖아."

"뻔하지 뭐. 뭘 알아야 그림을 그리지. 크레파스가 검은색만 남았겠지,"

"눈에 보이는 것은 누구나 다 그릴 수 있다. 네가 한 말일걸?"

"그래. 눈에 보이는 것만 그리는 건 아주 하찮은 일이거든? 그림이란 마음에 보이는 걸 그려야 해,"

"바로 그거야. 이래는 어두운 봄을 그린 거야."

효진이가 이래를 두둔하는 이유는 알 수 없지만 그림에 대한 해박한 지식은 알아줘야 했다.

"지진으로 온 마을이 난리인데 그림이 무슨 상관이야?"

"이래의 그림을 모르면 이래를 알 수가 없어."

평지에 다다르자 넓은 길이 나왔다. 미처 골목에 들어가지 못한 불자동차가 줄지어 있고 몇몇 경찰관이 사람들을 통제하고 있었다. 가로수 곁에 몸을 기대며 효진이는 그림 이야기를 이어나갔다.

"이래의 아빠는 벽돌 쌓는 일하기 전에는 김 만드는 공장에 다녔어. 밥상엔 김만 늘 올라왔겠지. 이래의 마음에는 봄도 시커먼 김밭에서 오는 거야."

"이래 마음속에 들어간 거니? 어찌 그리 잘 알아."

"음. 말 안 하려 했는데, 우리 아빠 친구가 이래네 먼 친척이 되는데. 경매에 나온 갈선이네 집을 아빠 친구가 샀어. 갈선이네가 집을 비워주지 않으니 이래네를 이사시킨 거야. 집수리도 할 겸."

갑자기 머리가 맑아졌다. 보따리 속에 뭉쳐있던 이래의 비밀이 한꺼번에 풀어지는 느낌이다.

"이래는 갈선이 보기가 미안했던 거야. 그래서 담을 넘었구나."

"맞아. 갈선이는 법원 집행관에 의해 쫓겨나면서 이래와 이래 아빠를 원망했겠지."

"수내리 갈선이네 집은 이래 아빠가 짓고 있었어?"

"그건 아니야. 갈선이나 우리는 어른들처럼 깊이 있는 생각을 못하잖아. 도와준대도 당연히 거절했겠지."

"이래가 책가방에 넣어 다니던 연장은 무얼 의미하지?"

"이래는 갈선이를 도와주려는 거야. 물론 억지로. 갈선이는 따라붙는 이래를 걷어차기도 했겠지."

"이제 열한 살이야. 소꿉장난 하냐? 어린애가 뭔 집을 지어?"

효진이가 나를 빤히 바라보았다. 어찌 넌 통 먹이냐며 나무라는 눈치다.

"갈선이 아빠가 교도소에 있잖니. 엄마는 소송문제로 늘 나다니고. 갈선이가 우선은 바람막이라도 하려고 벽돌을 쌓고 있었던 거야."

"이래의 꿈은 갈선이네 집에 있었구나. 아빠를 도우며 익힌 솜씨로 갈선이의 벽돌 쌓기를 도와주려 한 모양이야."

더 이상 효진이로부터 해설을 들을 필요는 없었다. 봄을 까맣게 그린 그림 안에, 또는 벽돌 쌓는 연장이 담긴 책가방 안에, 이래의 꿈이 차곡차곡 담겨있음을 이제야 알게 되었다.

습지 안쪽의 철거민 마을에 불길이 잡히는지 검은 연기가 물씬거리며 좁은 골목이 갑자기 소란스러워졌다. 안전모를 쓴 119구조대원의 모습이 보이더니 모여선 사람들을 물리치며 소리쳤다.

“물러나세요. 어서요. 구조대가 나갑니다.”

얼굴이 온통 먼지로 새카매진 구조대원이 들것을 들고 달려 나왔다. 사람들이 뒤로 물러나며 웅성거렸다.

“쯧쯧. 버섯 집에서 쫓겨나 그래도 살겠다고 집을 짓더니.”

“어린 여자애가 대가 차서, 수업만 끝나면 달려와 벽돌을 쌓았다지?”

“그 벽돌이 아이를 덮쳤나 봐. 그런데 먼저 실려 나온 몸집이 큰 애는 누구야?”

“도와주러 가끔 오던 아인데, 여자애를 살리려 무너지는 벽돌을 자신의 몸으로 막았데.”

“밑에 깔렸다던 여자애의 가슴이 할딱거리는 걸 봤어.”

“숨을 쉰다는 말인데, 그럼 살았네?”

“남자애는 어떻게 되었을까?

“요새 애들은 알 수가 없어. 저 죽는 줄도 모르고. 원.”

숨이 탁 막혀왔다. 몸집 큰 애는 틀림없는 이래다. 효진이의 얼굴도 붉어졌다. 나와 같은 생각을 하고 있음이다.

“틀림없는 이래야. 갈선이하고.”

“갈선아. 이래야.”

속이 울컥거리며 눈물이 확, 쏟아졌다. 효진이와 나는 갈선이와 이래를 부르며 구급차의 뒤를 따라 뛰었다. ‘나도 꿈이 있어.’ 하얀 이를 드러내며 배시시 아가처럼 웃던 이래의 얼굴이 눈물 속에서 어른거렸다. 두 대의 구급차는 큰길에 나서자 빠른 속도로 수내리에서 멀어져갔다.

만남,
그리고
그 뒷이야기

정이식 24호

천홍자 28호

서혜원 28호

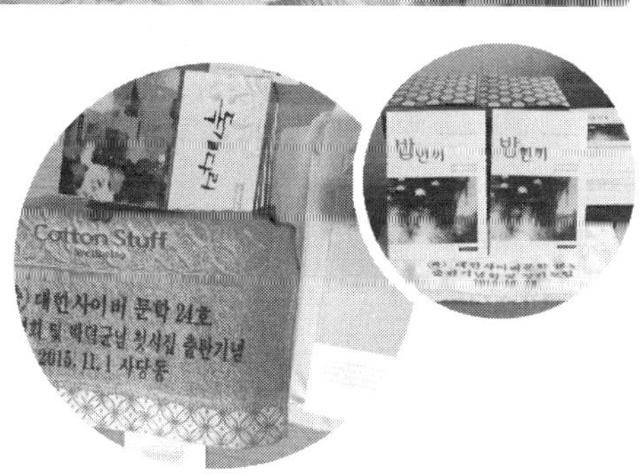

대한사이버문학 24호

사당동에서 만난 송전탑과 24호 출판기념회

정 이 식

- 개척단에 짐을 푼 이주민도 해마다 터전을 옮기는 화전민도 아니다 다만 처음 주어진 대로 운명처럼 살았다. -

무표정의 덩치 큰 남정네 카페주인은 분명 이 글을 읽시는 않았습니다. 그러게 본문과는 상관없는 밀양의 송전탑 이야기로 책값을 하려 한 것입니다. 어쨌거나 선물로 받은 시집의 저자에게 참 좋은 작품이라며 칭찬을 해대는 주인이 밉지는 않았습니다. 이만하면 박덕균님의 시집, 벌써 반쯤은 성공한 겁니다. 무녀도의 김동리 선생은 그랬다지요? 작가는 글을 쓸 뿐 작품의 해석은 독자의 몫이 라고요. 카페주인 해석의 방향은 틀렸지만 커피는 맛났습니다.

대한사이버문학 24호 출판기념회가 사당동에서 열렸습니다 저는 창간호부터 한 번도 빠짐없이 참석하였지만 매번 모임에 나올 때마다 제 가슴은 요동을 칩니다. 만나는 회원님들에 대한 맘 설렘과 새로운 역사를 탄생시켰다는 뿌듯함이 앞서서입니다. 하지만 책장을 넘기며 제 글에 대한 미숙함이 불거지어 아쉬움을 토로하게 되는, 이는 저뿐이 아닌 것 같습니다.

- 창작의 시간을 충분히 누릴 수 있길 바랍니다. -

권두언을 낭송한 회장님, 서혜원 선생님과 '같은 듯 다른 듯'을 낭송한 미국서 온 박은경님도 같은 생각이었을 것입니다. 그래서 다음 호엔 다, 더 나은 작품을 쓰기 위해 미리부터 준비를 하여야 하겠습니다. 그때에 또 후회를 할지언 정.

멀리서 오는 문우들을 일일이 확인하고 챙겨주신 회장님. 케이크 타올 등. 손수 준비하신 물품에 대한 생각은 까마득히 접어두고 도움을 드린다며 오히려 폐만 끼친. 일침을 맞고서야 정신이 차려지어 지금도 가슴이 미어집니다.

사립문을 벗어나면 언제나 만나지는 이웃집 아줌마처럼, 수수한 모습의 박은경님. 누구나 입는 평범한 옷을 입고 있음에 잘못하면 미국이 이웃해 있는 도시인줄 착각하겠습니다. 말투와 행동에서 대사문에 대한 변함없는 애정을 느꼈습니다. 아우름을 이끄는 매력은 여전하여 저에겐 부러움의 대상입니다.

- 작은 그리움 조각 하나가 딸려 나와 이름을 딸이라 했다지. -

딸에 대한 애틋한 정을 불러오는 광탄의 이동숙님. 해쓱해진 모습에서 저는 순수의 열정을 보았습니다. 나무의 요정처럼 단아한 청순함은 대한사이버문학의 정결을 닮았습니다. 엄마마음. 버스정류장. 목화솜 이불. 엄마가 그리는 엄마를 담담하게 담아내는 필력이 돋보입니다.

보리밥에 해물전 약간의 오리고기는 술맛을 끌어내는 요소입니다. 모처럼 새 식구. 김삼식님이 등장하며 덩달아 저 자신은 신이 났습니다. 비슷한 동지를 만났기 때문입니다.

모 시인은 금강산에서 북한의 유명시인 리호근과 대작을 하며 다음과 같은 말을 하였다고 합니다.

- 요새 시인들은 너무 술을 안 마셔. -

술은 일탈이지요. 일탈은 또 본래로 다시 돌아올 때에만 쓰이는 용어입니다. 때론 술도 시 창작에 도움을 주지만 어디까지나 이건 저의 주장입니다. 덕분에 평소보다 많은 말을 뱉어냈습니다. 김삼식님은 이제 우리 대사문의 한 주축입니다.

평소에 공원벤치에 멍하니 앉아있는 노인을 저는 흉보았습니다. 귀감이 되는 황의진 선배님을 흠모하여 왔기 때문입니다. 바빠서 공원에 갈 여유가 없다는, 그러면서도 소설을 공부하고, 사진에 탐닉하여 어디건 카메라를 메고 다니는. 영원한 우리의 큰 형님이며 큰오빠이십니다.

독은 남도에선 돌을 다르게 부르는 이름입니다. 그래서 독개다리를 돌다리로 오인하기도 했습니다. 돌아갈 수 없는 다리. '독개다리'를 통하여 분단의 설움을 겹겹으로 표현하신 황의진님의 글에선 언제나 어머님의 마음이 서립니다.

서울의 날씨는 매우 찼습니다. 전날까지 반팔티를 입고 있던 서였습니다. 강남터미널에 출현한 가죽잠바를 보고 솔직히 전 놀랐습니다. 언제나 다소곳한 여인이기를 기리는 한선수님의 패션에도 변화가 일었습니다. 기침감기에 걸려서 서울에 가지 못하겠다고 하였지만 끈질긴 요청에 같이 해주셔서 진정으로 고맙습니다. 전투복(?) 을 입었지만 그래도 여성임은 감춰지지 않았습니다. 참석 못한 서병달님의 시를 낭송해 주셨습니다.

국가나 가정이나, 개인에게도 존재의 필수가치로 특별히 세 가지를 손꼽습니다. 그 하나가 국력. 즉 힘입니다. 우리 민족에겐 이 힘이 부족하여 끊임없이 외세에 시달려 왔습니다. 둘째가 재력, 즉 돈입니다. 요즘 전쟁은 돈으로 합니다. 몇 억씩 하는 미사일이 있어서 안방에서 버튼만 눌러대면 전쟁은 승리로 끝납니다.

마지막 셋째가 예술, 즉 문화입니다. 힘과 돈이 있으면 먹고살기엔 지장이 없습니다. 그러나 행복할 수는 없습니다. 문화는 우리 몸의 연골과 같아서 삶이 고통스러울 때에 윤활 작용을 합니다.

하지만 우리는 모든 것이 미흡합니다. 위에 열거한 어느 한 가지도 충분히 가지지 못하였습니다. 그러기에 문학을 하려니 많은 고통이 뒤따릅니다. 그래도 열심히 일하고 글 쓰시는 천홍자님. 정통수필을 쓰시는 분, 회원 중에 그리 많지 않습니다. 높은 필력을 부담 없이 나타낼 다음 호를 기대합니다.

싱그러운 웃음 속에 쓸쓸함이 비치는 건 가을 탓이겠지요? 글은 감동입니다. 자신의 글을 자신이 감동하지 않으면 아무에게도 감동을 줄 수가 없습니다. 이번 24호는 표지부터가 감동입니다. 우리는 더 좋은 감동을 독자에게 선사하기 위하여 끊임없는 노력을 해 댈 것입니다. 저는 서부련님의 '도그네임'이란 시를 낭송하였습니다. 영어와 한문과 우리말을 적절히 섞은 풍자시에 가슴이 닿았습니다.

이번엔 참석 안하였지만 대사문의 맏형이신 류인복님. 작년 경주에서 잠시 만났던 서병달님. 헤아릴 수 없이 그리운 대한사이버문학 카페에 존재하는 회원님들. 모두모두 건강하시길 바라며 긴 글 여기서 마칩니다. 〈아동문학가〉

대한사이버문학 28호

천 홍 자

우리의 만남을 시샘이라도 하듯 바람이 많이 불었던 하루였습니다. 부산, 대구, 진주, 파주, 포천, 안양, 잠실, 화성…등 전국각지에서 문학이라는 이름으로 만나 밥 한 끼 같이 먹는다는 것이 결코 쉬운 일이 아니지요. 밥 한 끼 같이 먹고 나면 글을 쓰는 것만이 문학이 아니고 관심을 가지고 참여하고 글을 읽는 것도 문학이라는 생각이 듭니다.

글을 안 쓰는 저의 변명입니다 ㅎㅎ

변화무쌍한 날씨처럼 세상사는 일도 참 변화무쌍하다는 생각이 듭니다. 목발을 짚고 올라오실 줄 알았던 정선생님이 세련된 복장과 더 핸섬해진 모습으로 나타나셔서 깜놀랐고요. 양손에 붕대를 감은 동숙씨, 야윈 모습에 더 놀랐습니다. 대사문의 감초 동숙씨, 더 이상 아프면 안 돼요, 안 오실 줄 알았던 류샘이 오셔서 밥값까지 내주시고…수호천삽니다. ㅎㅎ류샘 고맙습니다.

매일 보는 사람처럼 편안하고 옆집 아저씨 같은 옥선생님 만나서 반가웠습니다. 유리 구두 신고 오신 첨밀밀님 구두가 정말 예뻤어요. ㅎㅎ 정샘이 탐낼만했어요. 박샘(박덕균님)이 보내주신 약주 덕분에 풍성하고 화기애애한 분위기였습니다. 분위기에 취해서 뿅~~간 삼식(태영)님은 집에 잘 들어가셨나요? ㅎㅎ 저도 꽤 많이 마셨는데 뒤끝도 깔끔하고 자고 일어나니 머리도 안 아프고 …또 술 땡

기는 데 박샘 어쩌지요? ㅎㅎㅎ

무담스님은 내려놓고 살면 행복하다는 부처님 말씀을 전하셨습니다. 실천하기란 쉬운 일이 아니지요. 아직은 내려놓을 용기가 없어서 짊어지고 있지만 때로는 그 무게가 살아가는 이유가 되기도 합니다. 사회가 부질없는 욕심마저 거부할 때 조용히 명성사에 내려가서 비우고 내려놓는 연습을 하고 싶습니다. 배추 뽑는 건 제가 책임질게요. ㅎㅎㅎ

대사문의 기둥 서선생님 건강한 모습 보여주셔서 감사했습니다. 언제나 든든하게 자리를 빛내주시는 황선생님도 감사했습니다. 이래저래 감사하고 고마운 마음이니 저의 가슴도 따뜻해졌습니다. 그 마음 식지 않고 내년 봄까지 쭈~욱 이어지길 바람해 봅니다. 건강해야 또 만납니다. 저도 명심할게요. 〈수필가〉

2017. 10. 30

대한사이버문학 28호

서 혜 원

2017년 10월 29일. 사당역 근처 식당 “아구찜 아구탕”에서 대한사이버문학 28호 출판기념회 및 정기모임을 마쳤습니다.

부산의 옥영수님. 진주의 정이식님, 대구의 한선주님, 산청의 무담님, 파주의 황의진님과 이동숙님, 포천의 김태영님, 여주의 주님(박덕균님께서 담궈 보내 주신 약술), 화성의 류인복님과 이혜자님, 잠실의 천홍자님 안양의 서혜원, 열두 분이 참석하셨습니다. 미국의 새야님께서 참석하셨더라면 대한사이버문학은 명실 공히 글로벌 문학회라 지칭해도 좋을 것 같습니다.

일 년에 두 번밖에 뵙지 못해서일까요? 늘 설레고 새롭습니다. 얼굴 한번 보자고 새벽차를 타고 올라오신 님들의 정성에 그저 송구할 따름입니다. 님들의 그 열정 덕분에 글쓰기를 놓지 않고 28호까지 출판할 수 있었습니다. 아무리 생각해도 우리 님들의 뚝심은 세계만방에 자랑할 만합니다.

그 누구보다도 4월에 큰 부상을 입고 이제 겨우 몸을 추스르시는데도 불구하고, 먼 길 나들이를 하신 정이식님의 고통이 가장 크셨으리라 생각됩니다. 마음속으로만 그 고통을 헤아려보려 하는 저희들을 용서해주셨으면 합니다. 병문안은커녕 서울의 지하철역의 높은 계단을 오르게 해

참으로 죄송합니다. 빨리 건강을 되찾으시길 바랍니다.

정이식님께서는 대한사이버문학 동인지를 소중하게 간직해 주기를 자녀분들께 유언(?)처럼 남기셨다고 합니다. 우리 모두의 바람이기도 합니다. 근데 전 손자들 키우기 힘들다는 수필을 자주 올려 울 딸들이 대를 물려 간직하려 할지 의문이군요. ㅎ 아무튼 추락사고로 위험한 고비를 넘긴 정이식님의 진지함이 깊이 와 닿아 숙연해지기까지 하였습니다.

데카프리카의 뜨거운 여름을 이겨내시고 서울 나들이들 하신 한선주님, 여선히 고우십니다. 그런데 올 해가 회갑이시랍니다. 축하드립니다. 한선주님의 수필은 읽는 이를 작품 속에 쏘옥 빠져들게 하는 진지하고 진실한 매력을 갖고 계십니다.

욕심을 내려놓아야 한다는 스님, 무담님의 말씀은 깊이 공감 하고 있지만, 역시 허망함을 감출 수 없습니다. 왜냐하면, 욕심을 버리려 애쓰지 않아도 자연스럽게 세상 욕심에서 멀어져 가고 있다는 것입니다. 그래도 불쑥불쑥 허황된 것들이 욕심으로 치고 올라 올 때가 있습니다. 그럴 때마다 무담님의 말씀을 기억하겠습니다.

파주의 황의진님 그 힘든 장편소설 "임진강에 상처를 씻다"를 출간하시고서도 지금도 흐트러짐이 없이 꼿꼿하신 모습에 힘찬 박수를 보냅니다. 많은 사람들의 입에서 입으로, 손에서 손으로 이어지며 사랑 받는 작품이 되기를 간절히 바랍니다.

양쪽 손목의 골절로, 양쪽 손목에 보호대를 하고 있는 모습도 안쓰러운데, 모임에 오시는 도중 계단에서 넘어져서 다시 또 무릎을 다친 이동숙님! 변함없이 아름다우신데

제발 더 이상 다치지 마시고 아프지 않으셨으면 합니다. 동숙님을 바라보고 있으면, 동숙님의 열렬한 문학사랑에 경의를 표하게 됩니다. 체력을 기르셨으면 합니다.

대사문의 막둥이 포천의 김태영님! 창작활동이 가장 왕성한 분입니다. 천홍자님과 저는 박덕균님의 약술이 취하지 않아 좋다고 하였건만 태영님께서는 아니었던 것 같습니다. 집에 잘 도착했다는 메시지를 받고 안심했습니다.

잠실의 천홍자 총무님! 힘들어 죽겠다고 하면서도 여전히 어여쁜 미모를 뽐내십니다. 28호 동인지 제목은 총무님의 수필 제목 '밥 한끼'를 빌렸습니다. 항상 진솔한 글로 감동을 주는 분입니다. 그러나 안타깝게도 글 쓸 시간이 여의치 않아 마음이 아픕니다. 기대가 큰 수필가이며 시인이십니다.

류인복님께서는 어느 날부터 시 창작에서 멀어져 가고 있는 듯 해 안타깝습니다. 그래도 자신이 하고 싶은 건강에 관한 일을 하시고 있어 글쓰기를 채근하기가 힘드네요. 그와 관련된 일을 함께 하시는 이혜자님과 동참해주셨습니다.

부산의 옥영수님께서는 대한사이버문학 모임에 처음 참석해주셨습니다. 작품으로만 뵐 줄 알았었는데, 대한사이버문학 초대에 흔쾌히 와주셨을 때도 놀랐고, 아무런 토를 달지 않고 모임에 참석해주셔서 다시 또 한 번 놀랐습니다. 역시 대한사이버문학 동인님들의 쿨한 성향과 통하는 것으로 보아 코드가 잘 맞을 것 같은 예감이 듭니다. 문학을 모르신다는 말씀은 겸손이시라고 생각합니다. 문학을 모르는 분을 제가 초대했을 리가 없으니까요. ㅎ 산행을 하시느라 시간이 잘 나지 않았었는데, 겹치지 않을 때는 참석할 수 있을 것 같다고 말씀해 주셨습니다. 참고로 옥영수님은 전문 산악인이시기도 합니다.

참석해주신 모든 님들께 감사드립니다. 대한사이버문학 모임은 서로 잘 났다고 나대는 회원들로 번잡하지 않고, 남여 커플로 항간에 떠도는 퇴폐적인 카페는 더더욱 아닙니다. 오직 창작의 열정으로, 좋은 글을 쓰겠다는 일념하나로 동인지를 출간하고 있는 모임입니다. 동인지를 아끼는 님들의 변함없는 사랑, 식지 않는 열정이 대한사이버문학을 끝까지 지켜줄 것이라 믿고 있습니다.

함께 하지 못하신 제천의 서부련님, 밀양의 서병달님, 여주의 박덕균님, 미국의 박은경님, 표지화가 백규현 화백님! 29호에서 더 좋은 글로 만날 수 있기를 바랍니다.

창작은 쉼 없고, 저희들은 다시 29호를 위한 작품을 준비해야 할 것입니다. 29호 모임에서는 더 많은 분들의 참석을 기대합니다. 님들의 건강과 문운을 빕니다. 〈대한사이버문학 설립자〉

2017. 11. 2

편집후기

우리 대한사이버문학은 이제 29호를 출간합니다. 2004년 봄에 창간호를 발행하였으니 햇수로 14년이 됩니다. 한 번의 결호도 없었으니 제가 생각해도 참 대단하다는 자부심이 듭니다. 그동안 개인 사정으로 집필진 중의 몇몇은 바뀌었지만 대다수 회원님은 창간호 때의 열의와 정성을 그대로 가지고 계십니다. 나이 들며 의욕이 식어 진부한 작품으로 독자를 싫증나게 하는 여타 동인지에 비교할 바는 아니지만, 하여튼 우리 대한사이버문학은 이제 종합문예지로 대중에게 최고로 어필되고 있습니다. 자랑할 만한 가치가 충분히 있습니다.

작가는 자신의 문학세계를 작품으로밖에 보여줄 수 없습니다. 작품은 책을 통하여서만 독자를 만날 수 있기에 우리는 동인지 출판을 계속하여야 합니다. 서혜원 회장님의 창간호 권두언 말씀을 되새기며 대망의 30호 출간을 벌써부터 기다려 봅니다.

아동문학가 **정 이 식**